UNE
FEMME MISSIONNAIRE

SOUVENIRS DE LA VIE ET DE LA MORT

DE

MADAME COILLARD

RECUEILLIS

Par Madame C. REY

AVEC UN PORTRAIT

ET UNE CARTE DE LA MISSION DU ZAMBÈZE

PARIS
MAISON DES MISSIONS ÉVANGÉLIQUES
102, BOULEVARD ARAGO, 102

UNE FEMME MISSIONNAIRE

UNE

FEMME MISSIONNAIRE

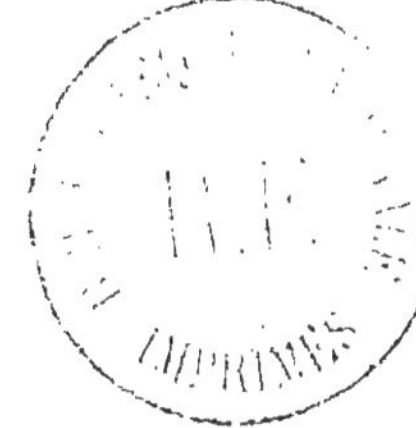

SOUVENIRS DE LA VIE ET DE LA MORT

DE

MADAME COILLARD

RECUEILLIS

Par Madame C. REY

AVEC UN PORTRAIT

ET UNE CARTE DE LA MISSION DU ZAMBÈZE

PARIS

A LA MAISON DES MISSIONS ÉVANGÉLIQUES

102, BOULEVARD ARAGO, 102

AVERTISSEMENT

Il n'entrait pas dans les projets du Comité de la Société des Missions de publier, à propos de la mort de madame Coillard, un travail aussi étendu que celui que nous offrons aujourd'hui au public.

Reproduire les lettres où M. Coillard raconte les derniers moments et la mort de sa femme en les accompagnant d'indications sommaires sur les principaux événements de la vie de madame Coillard, telle était d'abord notre pensée.

Mais l'amie qui a bien voulu se charger de grouper ces quelques dates s'est vue en possession de matériaux si riches qu'elle n'a pu résister au désir de donner une idée un peu complète de la carrière de madame Coillard et, par là même, de celle de son mari et des débuts de cette œuvre du Zambèze à laquelle leurs deux noms resteront toujours attachés. De là le récit que l'on va lire.

En nous décidant à le publier, nous cédons, avant tout, au désir de faire quelque bien, et de servir la cause de la mission elle-même.

Mais nous aimons aussi à penser que ces pages contribueront à faire connaître la vie de nos femmes missionnaires, dont peu de personnes se font une idée exacte.

Avec de grandes différences, dues principalement au fait des voyages, la vie de madame Coillard est celle de la plupart de ses pareilles, en mission : en regardant de près ces existences, on y retrouverait, dans une sphère plus obscure, avec moins d'aventures et de dangers, le même dévouement, le même ardent désir de partager tous les travaux de la mission, le même amour pour les âmes, les mêmes sacrifices.

SOUVENIRS DE LA VIE

DE

MADAME COILLARD

SOUVENIRS DE LA VIE

DE

Madame COILLARD

La nouvelle de la mort de madame Coillard a douloureusement ému les amis des missions. Ils se demandent comment notre vaillant pionnier supportera ce coup inattendu. Il a la foi qui transporte les montagnes, il est vrai, mais le cœur est quelquefois plus lourd que les montagnes.

Cette union de plus de trente années, si intime, si complète, on pourrait dire si parfaite, n'était pas un des moindres spectacles que nous donnait le Zambèze. Madame Coillard a été « l'aide semblable à lui », qui a doublé, peut-être même décuplé, les forces de son mari. Ils étaient si bien associés dans l'œuvre commune, qu'on n'eût point songé à distinguer la part qui revenait à chacun. Maintenant que la mort les a séparés, un coup d'œil jeté sur la vie de madame Coillard fera mieux comprendre ce qui lui revient dans la puissance de foi et d'action du vaillant missionnaire.

Le témoignage qu'il a rendu lui-même à sa compagne, en lui fermant les yeux, suffirait déjà à marquer la place qu'elle occupait.

I. — Enfance, vocation et mariage.

On aimerait à suivre du berceau à la tombe les individualités qui font voir ce que l'homme et la femme pourraient devenir selon les intentions du Créateur et avec son secours; mais trop souvent l'enfance et la jeunesse, les temps de silencieuse préparation, échappent aux recherches. Nous possédons néanmoins, sur cette période de la vie de madame Coillard, de précieux détails que sa famille a bien voulu nous communiquer.

Christina Mackintosh, fille du révérend Lachlan Mackintosh, naquit le 28 novembre 1829, à Greenoch, en Écosse, où son père était pasteur. Elle appartenait donc à une race forte et religieuse entre toutes.

On sait que l'énergie de sentiment, de parole et d'action n'est pas moindre en Écosse qu'en Angleterre, et que le sérieux des convictions n'a jamais cessé d'y faire ses preuves. « Sous des dehors graves et réfléchis se cachent des passions nobles et profondes qui se lèveraient et combattraient si on voulait les enchaîner (1). »

On aime à se représenter l'intelligente et sérieuse enfant se développant dans la pieuse atmosphère du foyer paternel, et dans cette vie simple et saine du bord de la mer, ouvrant l'œil à ces beautés de la nature, qu'elle saura jusqu'au bout et sous tous les ciels si bien apprécier.

En 1880, quand nos missionnaires vinrent faire à travers les Eglises d'Europe la tournée qui décida la mission du Zambèze, madame Coillard eut le bonheur de parcourir sa patrie avec son mari et de lui faire admirer ce qu'il appelle si bien, dans ses lettres, « cet étonnant pays, la dentelure de ses côtes, la beauté de ses *lochs*, la désolation de ses *moors*, la solitude de ses *glens*, l'austérité sauvage de ses

---

(1) Merle d'Aubigné : *Trois siècles de luttes en Écosse.*

montagnes, et ce passé qui revit partout dans les légendes et dans les ruines ».

La préoccupation des parents de mademoiselle Mackintosh était, avant tout, de chercher pour leurs enfants « le royaume de Dieu et sa justice ». Tout en leur donnant une éducation soignée, ils les tenaient rigoureusement écartés de toute influence qui aurait pu empêcher la bonne semence, répandue par eux dans leurs jeunes cœurs, de porter ses fruits. Mais avant que mademoiselle Mackintosh ait pu personnellement s'approprier les grâces que Dieu lui offrait par le ministère de ses parents, elle dut passer par des angoisses terribles en sentant douloureusement qu'elle était encore séparée de Dieu.

Ce fut un ancien ami de son père qui put enfin l'amener à voir dans sa perfection l'œuvre que son Sauveur avait faite pour elle, et à se l'approprier par une foi personnelle. Elle parle de ce changement dans une lettre adressée à sa sœur cadette qui lui avait écrit pour lui dire qu'elle aussi avait été convertie à Jésus : « Je me suis de nouveau souvenue de la joie ineffable que j'ai ressentie au moment où j'ai pu dire : « Je crois, Seigneur ! » et de la joie qui remplaça dans mon cœur toute la misère et toutes les ténèbres du doute auxquelles j'avais si longtemps été en proie. Je puis dire en toute vérité que, regardant à Jésus, je n'ai pas même l'ombre d'un doute au sujet de son amour pour moi et de ma participation au salut qu'il a apporté à ses enfants. »

Dès lors, cette âme longtemps travaillée ne cessa pas de goûter la paix que Jésus donne à tout homme qui regarde à lui. « *Je vous laisse la paix, je vous donne ma paix ; je ne vous la donne pas comme le monde la donne : que votre cœur ne se trouble point, et ne craignez point.* » Elle aimait ces paroles, gravées dans son cœur même avant qu'elle en pût jouir. C'est en les prononçant que sa grand'mère (une âme d'élite, aussi remarquable par sa foi que par son amour pour la parole de Dieu) lui avait dit adieu, alors que la jeune Christina était encore enfant. Et ce verset fut, pour ainsi dire, le mot d'ordre de son pèlerinage terrestre tout entier.

« Cherchons à vivre au-dessus des plaisirs vains et passagers qui occupent les mondains », écrivait-elle dans la même lettre ; et ce désir a été réalisé. Heureusement douée par la nature et ayant su profiter des avantages qui lui avaient été donnés dans sa jeunesse, elle voyait s'ouvrir devant elle des carrières bien différentes de celle à laquelle elle était destinée. Mais elle aspirait à travailler à la délivrance des âmes ensevelies dans les ténèbres, et qui inspiraient, à cette époque, moins d'intérêt que de nos jours.

La cause de l'évangélisation des païens avait fait battre le cœur de mademoiselle Mackintosh un jour qu'elle avait vu une petite fille, Sarah Roby, qui avait été enterrée vivante par ses parents et sauvée par un missionnaire et sa femme accourus à ses cris. On promenait cette enfant à travers l'Angleterre et l'Ecosse pour provoquer, par ce spectacle, l'intérêt pour les missions, et toute la jeunesse chrétienne s'en était émue.

Avant même d être placée en face de cette preuve vivante des horreurs causées par le paganisme, mademoiselle Christina avait déjà tant d'amour pour les missions qu'elle s'était associée avec sa sœur pour s'abonner, à l'aide de leur argent de poche, à un journal de missions destiné aux enfants. Il y avait donc en elle une vocation datant de loin et profondément enracinée dans son cœur. Aussi était-ce avec pitié qu'elle regardait les personnes qui, ne comprenant pas la beauté et les devoirs de la carrière missionnaire, cherchaient à la dissuader d' « aller s'ensevelir vivante parmi les sauvages ».

La fortune n'habite pas souvent les presbytères, et les filles des révérends anglais et écossais doivent apprendre de bonne heure à se tirer d'affaire. Initiées à la vie pratique du foyer domestique avant de s'en créer un elles-mêmes, elles vont volontiers passer quelques années à l'étranger, sur le continent, y acquérir de l'expérience et y tirer parti de leurs talents.

C'est à Paris, en 1855, que nous retrouvons miss Mackintosh, accompagnée de l'une de ses sœurs. Elles y donnaient des leçons d'anglais, et parfois s'allaient retremper dans la société chrétienne et distinguée que réunissait alors si largement le salon de madame André Walther ou la chambre de malade d'Adolphe Monod.

En parcourant les rues de la grande ville, si la jeune fille rêvait de l'avenir, — car il est permis de rêver à cet âge, — avant tout, elle faisait face aux nécessités présentes et y obéissait. Obéir à la voix conductrice qui parle par les circonstances et dans le fond du cœur, semble avoir été l'une des passions de sa vie. Nulle part plus que dans son histoire, on ne

2

retrouve ce mélange d'initiative et de soumission qui caractérise l'enfant de Dieu.

Elle s'attachait à ses élèves parce qu'elle aimait les enfants, et, sans s'en douter, elle faisait alors l'apprentissage de ce métier de pédagogue qu'elle n'a pas cessé d'exercer jusqu'à son dernier souffle. Une dame qui eut le privilège de lui confier sa jeune famille pendant plus d'une année, rend témoignage à sa « tendresse de cœur ». Elle était alors fine de sa personne et plutôt frêle; mais une âme « fortement trempée » donnait de la solidité à cette constitution délicate.

C'est chez mademoiselle Marie Bost et, plus tard, chez madame André Walther, que miss Christina fit la connaissance de M. Coillard qui se préparait à ses études de théologie, dans l'école des Batignolles, pour entrer, en 1856, à la Maison des missions que M. Casalis ouvrait à Passy.

Plus âgée que son futur époux de quelques années et non moins avancée dans la vie chrétienne, elle dut prendre sur le jeune homme un certain ascendant. On voudrait assister à l'aube de cette affection destinée à devenir une si sainte union. Ici, du moins, le terme de providentiel, dont on abuse quelquefois dans les questions de mariage, se trouva pleinement justifié.

A la fin de l'année 1857, M. Coillard partait pour le Lessouto, et trois ans après, le 23 novembre 18[illegible]0, miss Christina Mackintosh le rejoignait au Cap où il était venu l'attendre, et où leur mariage était célébré le 26 février 1861.

C'est alors que la jeune femme dit à son mari ces mots qu'il aime à rappeler : « Tu ne me trouveras jamais entre toi et ton devoir; fût ce au bout du monde, où que tu ailles, je t'y suivrai. » La valeur des paroles dépend de la bouche qui les prononce : cette déclaration ainsi tombée des lèvres d'une femme chrétienne, on pouvait compter que la vie tout entière la confirmerait, et que rien ne viendrait jamais la démentir.

Madame Coillard a été, pendant de longues années, la fidèle et utile compagne de M. Coillard ; cela seul suffirait à notre reconnaissance, mais il y a plus. Elle a été non seulement le type de la femme missionnaire, mais l'un des modèles de la femme chrétienne.

Pour devenir tout ce qu'il peut être, un homme a besoin d'avoir à ses côtés un être qui mette en lui toute sa confiance; et le plus grand service qu'une femme puisse rendre à son mari, c'est de croire en lui. En tous lieux, en toute circonstance, madame Coillard n'a jamais douté de celui dont elle portait le nom. Jamais, il est superflu de le dire, on ne la vit attirer l'attention sur son infatigable coopération; elle aimait à se cacher derrière le compagnon dont elle partageait les travaux. Elle n'aspirait qu'à greffer ses propres facultés sur l'arbre commun et ne voulait porter de fruit que sur ses branches.

M. Coillard avait une haute idée de la collaboration féminine :

« Un point qui m'a toujours frappé, disait-il en 1872, c'est la petite place que la dame missionnaire occupe parmi nous. A vrai dire, elle n'est que la femme de son mari, rien de plus.

« Chez les Américains, ailleurs encore, la dame missionnaire est reconnue comme un agent de la mission. On sait qu'indépendamment de son ménage, elle a sa part, et une large part, dans l'œuvre.

« On ignore généralement en Europe sur qui tombe le fardeau écrasant de la vie matérielle dans la fondation de nos stations, de nos constructions, et des complications qu'elles entraînent, sans parler des voyages.

« On parle beaucoup des missionnaires hommes, de leur courage, de leur activité, de leur œuvre, mais on ignore que, règle générale, le missionnaire n'est missionnaire que dans la proportion où sa femme l'est elle-même et le seconde. »

II. — Première mission. — Léribé.

La Conférence du Lessouto de l'année 1858 avait décidé la création d'une nouvelle station à Léribé, et en avait confié e soin à M. Coillard, le dernier venu de ses missionnaires. C'est là, à l'extrémité nord du pays, dans un district montagneux, près de la résidence du chef Molapo, le second fils de Moshesh, que M. Coillard conduisit sa compagne.

Léribé, loin du mouvement et du passage des visiteurs, était un poste que l'isolement des missionnaires et la puissance encore intacte du paganisme rendaient tout spécialement difficile. Mais ni l'un ni l'autre ne s'en plaignit. Madame Coillard avait le goût, on a même dit la passion du *home;* elle s'attacha vite à cette vie à la fois active et retirée. Cependant, dès la première année, elle dut apprendre ce que toutes les dames missionnaires considèrent comme un devoir et s'efforcent de toujours pratiquer, à recevoir et à représenter.

Dans tout le continent noir, les chefs, malgré la haute idée qu'ils ont de leurs prérogatives aristocratiques, traitent nos missionnaires d'égal à égal. Ils s'y invitent et y séjournent sans scrupule, et nos dames doivent faire bonne figure, observer l'étiquette, maintenir la dignité de la station, et, dans leurs manières comme dans leurs arrangements matériels, conserver la supériorité que leur attribuent les indigènes.

Moshesh fit un séjour de quelques semaines à Léribé et mit souvent à l'épreuve le savoir-faire de la maîtresse du logis.

La santé de madame Coillard, un peu ébranlée par le nouveau climat et le changement d'existence, rendit nécessaire un séjour de quelques semaines à la station de Mékuatleng, après quoi recommencèrent la vie missionnaire et le travail d'évangélisation si cher à son cœur.

Mais ce ne fut qu'à la fin de l'année 1862 que M. Coillard eut la joie de recueillir les premiers fruits de son ministère et de baptiser deux néophytes.

L'œuvre absorbait si bien son temps et ses pensées et celles de sa femme, que ce ne fut qu'en 1864 qu'ils songèrent à remplacer la chaumière provisoire où ils logeaient encore et à se construire une demeure plus spacieuse que madame Coillard espérait ne jamais devoir quitter.

Ils se préoccupaient des annexes à fonder dans les montagnes, quand en 1865 éclata entre les Bassoutos et les Boërs une guerre qui devait durer près de quatre années.

Le Lessouto fut envahi, la montagne de Thaba-Bossiou, résidence du chef des Bassoutos, Moshesh, assiégée, et quelques stations ravagées.

Le gouvernement de l'Etat-Libre enjoignit à tous les missionnaires français d'avoir à quitter le Lessouto avant le 1er mars. Pour ne pas donner un nouveau prétexte aux hostilités, ils durent se soumettre à cet ordre arbitraire. Les Coillard partirent précipitamment de Léribé, emportant tant bien que mal ce qu'ils avaient pu emballer de livres et d'effets. Tout le pays était dans la désolation, on s'enfuyait de tous les côtés, et nos missionnaires n'oublièrent jamais le douloureux spectacle de ces pauvres Bassoutos chassés par des blancs qui se disaient chrétiens. « C'est parce que nous sommes noirs, disaient-ils, et c'est Dieu cependant qui nous a faits ainsi. »

C'est alors que pour la première fois l'idée d'une émigration dans des parages plus lointains se présenta à l'esprit de M. Coillard.

Il n'avait pas d'enfants; la Providence ne leur avait pas accordé cette grande joie, qui dans certaines circonstances est aussi une grande complication.

« Pour nous, écrivait-il, qui n'avons pas de famille et qui sommes jeunes, nous ne redoutons pas l'avenir. Si notre œuvre ici était finie, nous serions tout prêts à suivre le Seigneur partout, *fût ce au Zambèze*. Mais nous pensons avec anxiété à nos frères aînés qui ont usé leurs forces au service de leur maître dans ce pays et qui ont pour la plupart de nombreux enfants. Les Anglais disent avec une touchante poésie : *Every cloud has a silvery lining*, tout nuage a sa bordure d'argent Nous savons que du côté de Dieu tout est lumière et que Lui seul dirige les événements et décide de la destinée des nations. »

En attendant l'issue de la guerre, M. Coillard accepta un poste en Natalie où il s'était réfugié, dans une station américaine. Une année plus tard, on lui proposa d'aller visiter et relever l'œuvre jadis commencée à Motito, près du Kuruman, dans le Béchuanaland, et qui périclitait. Il accepta et emmena avec sa femme deux des chrétiens indigènes de sa station de Léribé avec laquelle il n'avait cessé d'entretenir des relations. Le voyage dura deux mois et demi et fut entravé par de petites aventures dans les montagnes, les rivières et les plaines de sable. Ils faisaient ainsi l'apprentissage de leur future odyssée.

Enfin, en février 1869, la paix fut proclamée en présence des autorités anglaises, des chefs bassoutos et de plusieurs missionnaires Le protectorat anglais fut reconnu au Lessouto, dont une partie resta acquise aux Boërs qui virent ainsi leur invasion à la fois sanctionnée et réprimée.

M. et madame Coillard purent regagner leur chère station et s'y installer de nouveau en septembre 1869, après plus de trois ans d'absence.

Mais que de changements, que de dégâts! que de brèches à réparer aux murailles et aux clôtures, et surtout dans les cœurs de ce jeune troupeau, que le spectacle de tant d'injustices et de violences, commises par de soi-disant chrétiens, avait rendus défiants et sceptiques.

Avec quel zèle nos missionnaires durent se mettre à l'œuvre, pour qu'une année seulement après leur retour, les sacrifices de la petite Église et de quelques autres permissent de commencer l'érection d'un temple ! Tout le monde s'y mit avec entrain, l'un donna de son bétail, l'autre de sa récolte, tous de leur temps.

Et en mai 1871, le jour de la Pentecôte, une belle fête de dédicace réunissait à Léribé les délégués de toutes les Églises du Lessouto à tout ce qui avait pu s'y rendre de chrétiens indigènes. Cinquante candidats furent admis au baptême.

Sous de telles mains la station ne pouvait que devenir florissante.

En octobre 1872, le premier synode des Églises du Lessouto rassembla à Thaba-Bossiou la plupart des missionnaires avec leurs femmes.

L'année suivante, madame Coillard fut pour la première fois séparée de son mari pour une absence de quelque durée qu'il fit en tournée lointaine avec le major Malan.

En 1876, le troisième synode fut convoqué,

à Léribé, et l'affluence y fut telle, qu'on logea jusque dans les grottes de la colline. C'est là que fut agitée et résolue avec enthousiasme la question d'une mission que fonderaient à leur tour les Églises du Lessouto et qui deviendrait le débouché de leurs évangélistes indigènes et le stimulant de leur zèle.

Mais il fallait se hâter, plusieurs régions, et les plus voisines, étaient ou fermées ou occupées déjà par d'autres sociétés, ou encore convoitées par les Jésuites. Les explorations faites naguère par M. et madame Mabille, et plus récemment par M. Dieterlen en vue de l'établissement d'une mission au delà du Limpopo, avaient échoué devant l'opposition des autorités de la république du Transvaal.

Quelques mois plus tard, quand M. et madame Coillard se préparaient à partir pour l'Europe, pour y revoir les leurs après plus de seize ans de séparation, la conférence réunie à Thaba-Bossiou leur demanda de sacrifier ce voyage de repos si mérité auquel ils songeaient, pour se lancer en explorateurs vers le pays à évangéliser. On pensait encore à la tribu des Banyaïs en deçà du Zambèze, qu'un évangéliste mossouto, Asser, avait visitée quelques années auparavant.

Il leur fut dur de renoncer à leurs propres projets, mais la décision en fut vite prise; ils y virent un appel et n'hésitèrent pas. Pas un instant l'idée de se séparer pour aller chacun de son côté ne leur vint.

III. — Voyage d'exploration chez les Banyaïs et au Zambèze.

Ils partirent donc en avril 1877 avec quelques évangélistes indigènes. Une lettre écrite du Transvaal, par madame Coillard à son amie madame Morin-Monod, fera connaître dans quelles dispositions ce voyage fut entrepris (1).

« Nous bénissons le Seigneur de ce qu'année après année, il nous a donné toujours plus à faire à Léribé, tellement que nous trouvions souvent le jour trop court pour toutes nos

(1) Nous remercions mademoiselle Lucile Morin d'avoir bien voulu mettre à notre disposition quelques fragments de la correspondance amicale qu'entretinrent si fidèlement deux femmes chrétiennes dignes de se comprendre.

occupations à son service. Vous savez qu'il m'en coûtait particulièrement de renoncer à notre visite en Europe, juste au moment où nous étions tout prêts à partir et où j'avais la perspective de retrouver mon frère de retour d'un long séjour en Chine. Mais Dieu nous a amenés à une intimité avec lui plus grande qu'auparavant et nous a tirés de l'illusion où nous étions encore qu'il suffit de lui donner ce quelque chose que nous appelons nos cœurs en nous réservant à nous nos corps et mille autres choses. L'œuvre de Léribé, que nous avions coutume d'appeler *nôtre*, est toute et uniquement sienne. Maintenant nous lui offrons tout notre être en sacrifice vivant et en toute humilité. S'il juge à propos de nous rappeler à lui par la route de Banyaïs, c'est bien; s'il lui plait de nous épargner et de nous réserver la joie de revoir encore ceux que nous aimons en ce monde, nous lui en rendrons grâce. »

Un mot de M. Coillard montre la parfaite conformité de leurs pensées.

« Quoi qu'il en soit, rien ne peut arriver que de bien à ceux qui se mettent sous la garde spéciale du Seigneur Tout-Puissant. C'est le 15 avril qu'il nous fallut quitter Léribé, jour douloureux pour nous. Un grand nombre de frères étaient venus pour nous dire adieu. C'était comme la séparation d'avec les propres nôtres autrefois, notre cœur était brisé. Jamais la station n'avait été plus belle, et notre jardin mieux fleuri. Mais je remercie Dieu de ce qu'il nous a donné la grâce de le suivre joyeusement, du moment qu'il nous réclamait pour son œuvre dans un coin reculé de la terre. »

On connaît ce voyage et ses péripéties, comment la petite troupe fut arrêtée, menacée de mort par le chef des Banyaïs, obligée de suivre pendant trois mois, d'étape en étape, le roi des Matébélés.

Revenus à Shoshong en juin 1878, M. et madame Coillard, ne pouvant prendre conseil de personne que de celui qui est En-Haut et en même temps dans le cœur de ses enfants, ils se décidèrent à eux deux à aller directement et par le plus court chemin jusqu'au Zambèze.

Quelques lignes de M. Coillard à M. et madame Morin font connaître cette décision qu'ils venaient de prendre :

« Quant à nous, nous nous préparons à partir pour le Zambèze, nous sommes forts dans la conviction que c'est le chemin du devoir, et la présence de Jésus gardera nos cœurs et nos esprits dans sa paix. Mais ces jours-ci je suis terriblement secoué par la fièvre. Je passe de mauvaises nuits; le jour, je puis cependant me traîner dehors jusqu'à un nouvel accès. Ma pauvre Christina a beaucoup de fatigues. Peu de personnes s'imaginent ce qu'a été sa vie missionnaire. Aussi, nous nous promettons un peu de repos à notre retour en allant visiter l'Angleterre et la France, mais nous n'osons nous arrêter à cette pensée. C'est pas à pas que nous voulons suivre le Seigneur et, si c'était au Zambèze qu'il nous ouvrît la porte du ciel, oh ! nous ne perdrions pas au change. »

Quels téméraires, quels visionnaires, auraient dit les sages de ce monde, que cet homme et cette femme déjà épuisés par une année de voyages et de périls, abattus par une fièvre persistante et qui se lancent néanmoins dans une pareille entreprise!

Mais Dieu était là. *Diex el volt*, la parole qui a fait les croisades les entraînait comme malgré eux.

Après avoir atteint le Zambèze et recueilli les renseignements nécessaires sur le peuple des Barotsis, établi sur la rive gauche de ce fleuve, ils revinrent sur leurs pas et arrivèrent au Lessouto au milieu de l'année 1879.

Ils avaient acquis la conviction qu'il y avait une œuvre à faire au Zambèze parmi la tribu des Barotsis parlant le sessouto, et que les Bassoutos se trouvaient ainsi providentiellement désignés pour l'entreprendre.

Les Églises du Lessouto ne pouvant entreprendre cette tâche, mais se déclarant prêtes à y collaborer dans la mesure de leurs moyens, M. et madame Coillard partirent pour l'Europe pour y plaider cette cause devant le Comité des missions et devant les Églises.

IV. — Voyage et séjour en Europe.

En décembre 1879, ils s'embarquèrent au Cap, et en janvier 1880 ils revoyaient l'Europe, non pour s'y reposer, mais pour parcourir pendant plus de deux ans la France, l'Angleterre, l'Écosse, la Suisse, la Hollande, allant de ville en ville et de village en village, de meetings en salons, pour gagner les Églises à leur grand projet.

Mais laissons parler M. Coillard :

« Nous sommes arrivés à Paris avant-hier soir. Après vingt-trois ans d'absence, nous ne pouvions pas croire que nous fussions de nouveau dans la capitale du monde, le centre de la civilisation moderne et dans les bras de notre vénéré directeur. Il nous semblait rêver. Le lendemain nous allions à la vente des missions. Je n'aurais pas voulu la manquer pour rien au monde; l'objet m'en est trop sympathique. Elle se fait pour l'éducation des enfants missionnaires. Nous n'avons pas d'enfants, mais nous nous intéressons d'autant plus à ceux de notre petite colonie du Lessouto.

« L'avouerai-je? au milieu de tout ce monde qui se pressait dans la salle, nous éprouvions d'abord un sentiment d'isolement et de tristesse. Nous ne reconnaissions personne, et personne ne nous reconnaissait; nous étions étrangers dans notre patrie. Après tout, les figures seules avaient changé, les tentes terrestres seules avaient vieilli. Aussi, du moment que notre présence se fut ébruitée, nous retrouvâmes-nous au milieu de connaissances et d'amis.

« Eh! bonjour, monsieur Coillard, est-ce

bien vous ? Que nous sommes heureux de vous revoir ! » Et quelques-uns ajoutaient à demi-voix : « Mais je vous croyais plus grand ! » Toujours la même expérience, de loin les personnes, comme les choses, risquent de prendre des proportions démesurées. »

Dès lors, ils ne s'appartinrent plus, de toutes parts, on les appela ; on voulait les entendre et les voir; ils vécurent valise à la main et comme dans un tourbillon.

Ecoutons encore M. Coillard :

« Les amis sont partout les mêmes, pleins de sollicitude pour nous, mais nous pressurant comme une éponge. Nous pardonnent-ils si parfois l'éponge est sèche? Qu'ils soient indulgents, nous ne nous le pardonnons pas, nous. »

Et ailleurs :

« Si notre itinéraire a été un peu fatigant et notre programme trop chargé, nous avons été portés avec tendresse par l'affection et par les prières les plus ardentes.

« Il ne m'est pas possible de dire jusqu'à quel point nous avons réussi, ma femme de son côté et moi du mien, dans cette sérieuse mission. »

Pendant toutes ces tournées et ces voyages,

ces séances, ces conférences, ces prédications, madame Coillard fut infatigable; elle accompagna son mari partout et mérita plus que jamais ce beau pronom *nous* dont il se sert presque toujours dans ses lettres.

V. — Retour en Afrique.

En quittant l'Europe, — qu'elle, du moins, ne devait plus revoir, — en avril 1882, M. Coillard adressa un dernier mot d'adieu à tous ceux qui les y avaient accueillis

« En l'écrivant, ce triste mot qui nous remplit d'une douloureuse émotion, nous répétons par la pensée tous nos voyages de ces deux ans. Toutes les localités que nous avons visitées, les Églises qui nous ont reçus, les visages de ceux qui nous ont comblés d'affection, passent devant nous comme une vision. Nous n'oublions aucun des nombreux Béthels, ni aucun des bien-aimés qui, comme les anges à Jacob, nous ont communiqué de la part de Dieu des messages et des bénédictions. La voilà donc, notre œuvre en Europe. La voilà devant Dieu et devant l'Église, avec toutes ses imperfections et ses misères. Elle me laisse, à moi, je vous le confesse, le sentiment d'une profonde humiliation. Et cependant, personne ne me refusera le témoignage d'avoir été de bonne volonté. Je me suis donné autant que je l'ai pu : j'ai visité les villages avec autant de sérieux que les grandes villes, et ce n'est pas là que nous avons été le moins bénis. J'ai tenu scrupuleusement tous mes engagements, et jamais une indisposition ne m'a servi de prétexte pour m'y soustraire. J'ai fait taire mes sentiments personnels et j'ai parlé au « grand public », quand il m'eût été plus doux de causer en famille avec ceux chez lesquels j'aurais voulu éveiller un intérêt durable pour notre œuvre. A votre désir et malgré une préparation souvent insuffisante, j'ai entretenu des cercles littéraires et des sociétés de géographie. Je l'ai fait par considération pour mes vénérés frères et l'œuvre d'évangélisation qu'ils font en France. Je l'ai fait franchement et simplement, et ils se sont déclarés satisfaits. L'honneur du protestantisme, que nous représentions, était ainsi sauvé ; mais j'ai souvent gémi que le voyageur ait été plus populaire que le missionnaire.

« Nous faisons une œuvre sérieuse à laquelle nous avons foi, mais je frémis en pensant que. pour la faire, nous fassions tant de bruit.

« Je demande instamment à mon Dieu la fidélité dans l'humilité. Travaillons les uns et les autres dans l'ombre et l'obscurité, plus encore qu'en plein soleil et en public.

« Et maintenant, il faut le prononcer, ce mot que nous ne connaîtrons pas là-haut. Adieu, à Dieu! »

VI. — Deuxième séjour à Léribé.

Bien des crève-cœur assombrirent le retour en Afrique. Après un arrêt au Cap pour y reprendre, dans une pension d'origine huguenote, la jeune nièce de M. Coillard, qu'ils y avaient placée pour le temps de leur absence, nos voyageurs durent attendre longtemps, à Natal, wagons et bœufs, qui ne réussissaient pas à leur parvenir.

Le voyage fut fatigant. Enfin, en août 1882, ils atteignirent leur cher Léribé

« Hélas! ce n'est plus ce que c'était il y a

cinq ans, ni même à notre départ ; nous le savions, et la réalité dépasse ce que notre imagination s'était peint de plus sombre. La station est déserte et délabrée ; le village, autrefois si propret, si animé, si riant, n'est aujourd'hui qu'un monceau de ruines silencieuses et désolées. Le jardin missionnaire, je n'en parle pas; il est l'emblème de la vigne du Seigneur, bien autrement dévastée. Nous avons de la peine à nous y reconnaître, et nos cœurs sont gros d'émotion. »

La guerre avait, de nouveau, plus violemment sévi en leur absence.

« La guerre, et la pire de toutes, la guerre civile, a semé des haines et des vengeances implacables. La vie des camps, de ces camps, les égouts de tout ce que notre civilisation a de plus corrompu et de plus effronté, a donné une telle impétuosité au courant de la démoralisation, que peu de nos chrétiens, je le crains, ont pu résister.

« Je n'ai pas encore pu sonder les plaies de mon troupeau, mais ce que j'en ai entrevu me fait frémir de douleur et d'effroi. Quelques-uns sont décidément retournés se vautrer dans la fange du paganisme; d'autres, et peut-être le plus grand nombre, se sont adonnés à l'eau-de-vie. La jeunesse, cette jeunesse sur laquelle nous avions fondé tant d'espérances, a été décimée par la violence des passions.

« Les chrétiens dont la profession a résisté à tant d'attaques ont subi des influences si délétères, que le zèle et la vie semblent étouffés et paralysés. En présence de tant de désastres et de ruines, les parjures se moquent de l'Évangile, l'Église est déserte, les chemins de Sion mènent deuil. »

Nos missionnaires n'étaient pas de ceux qui perdent courage. Ils se remirent à l'œuvre pour relever toutes ces ruines matérielles et morales, quoique la guerre fût encore possible et comme à la porte.

En 1883, la visite du directeur de la Maison des missions, M. Boegner, venu avec sa femme parcourir, dans un séjour de quelques mois, les stations du Lessouto, fut une grande joie et un réconfort moral pour le cher couple de Léribé. M. Boegner put dire alors que « la mission du Zambèze avait reçu, par ces guerres et ces troubles, son baptême de douleur, et que M. Coillard avait vu sa foi dans l'entreprise qui lui est confiée passer au crible, mais, grâce à Dieu, sortir triomphante du creuset ».

Le plus dur, pour nos amis, c'est que ces fluides impondérables, qui transmettent, même à travers les mers, les grands courants de l'opinion, les avertissaient qu'il s'était fait, depuis qu'ils avaient quitté l'Europe, un certain refroidissement sur la question du Zambèze. De là ce cri d'alarme de M. Coillard aux amis des missions :

« Nous avions cru que vous étiez avec nous et nous avons compté sur vous. Aujourd'hui, le moment de l'action est arrivé. Avant de nous lancer, nous jetons un regard en arrière, nous cherchons le corps de l'armée, ceux qui nous suivent ou nous soutiennent. On dirait qu'il s'est fait un vide entre nous, et nos cœurs ont frémi. »

Six mois encore devaient se passer avant l'arrivée de M. et madame Weitzecker, auxquels la station de Léribé serait confiée. Six mois bien employés par des travaux de tout genre, ayant pour but de pourvoir aux besoins les plus pressants de la paroisse, avant que son missionnaire la remît entre les mains de son successeur.

« Nous voici au milieu de nos emballages, comme si nous nous préparions à prendre le train pour le Zambèze. Ce n'est pas « le rapide », encore moins « l'éclair », qui nous emportera dans ces régions lointaines, mais nos serviteurs bucoliques, qui sont le symbole de la patience. C'est ici, pour nous, un temps de fatigue et d'anxiété. Il faut trier ce qu'on laisse, ce qu'on prend, prévoir les besoins futurs, non seulement les siens propres, mais ceux de chaque membre de la caravane. Aussi, tous les jours, demandons-nous à Dieu toute la sagesse dont nous avons besoin. Mais les émotions concentrées, les soucis et les fatigues nous ont abîmés ; je n'en ai pas dormi pendant plusieurs nuits. »

Dans toutes ces dispositions, si importantes pour le succès et même la possibilité du voyage, combien furent précieux l'œil et la main d'une femme au sens pratique, comme l'était madame Coillard !

VII. — Deuxième mission. — Du Lessouto au pays des Barotsis.

Enfin, le 2 janvier 1884, date mémorable dans l'histoire de nos missions, le grand exode commença, et l'on croit entendre dans les pages du missionnaire sonner le clairon du départ.

« En route pour le Zambèze! Nos préparatifs, nos dernières réunions, nos derniers entretiens... tout cela est derrière nous! Nous avons repris, à cinquante ans, le bâton du pèlerin, et nos visages sont tournés vers les régions lointaines. Déjà, ce Léribé, l'œuvre de notre jeunesse et de notre carrière. est loin derrière nous. Déjà, les crêtes bleues des belles montagnes de notre seconde patrie ont disparu à nos yeux.

« Notre départ a été la fin d'une agonie de plusieurs mois; nos projets ont dû passer au creuset, et notre foi au crible. Nous partons sans arrière-pensée, nous léguons à nos amis Weitzecker le fruit de nos sueurs; personne n'en était plus digne.

« Nous confions à leurs soins un troupeau que nous chérissons et qui, malgré les désastres spirituels de la guerre, n'a jamais cessé d'être intéressant et affectueux Puissent nos bien-aimés successeurs être plus heureux encore, si c'est possible! dans notre *home*, que nous ne l'avons été.

« Soyez bénis, frères, collègues vénérés, amis de nos cœurs!... Sois béni, Léribé!... Mais non, n'en parlons plus.

« A Dieu ne plaise que nous cherchions à faire valoir le peu que nous avons le privilège de faire pour Jésus.

« Ah ! que ne comprenons-nous mieux, que ne mettons-nous mieux en pratique la parole de David dans une circonstance mémorable : « Je n'offrirai point à l'Éternel des sacrifices « qui ne me coûtent rien. »

« Pas de faiblesse au moment de l'action. L'Éternel, qui nous envoie, nous a ceints de de force, couronnés de sérénité et de joie. Il nous chaussera, s'il le faut, de fer et d'airain.

« Notre force durera autant que nos jours. »

Le personnel de l'expédition était fort nombreux. Ce n'était pas aisé de trouver une nourriture dont tout le monde s'accommodât : il fallait donner l'exemple, et ce fut l'objet de plus d'une délibération entre M. et madame Coillard, que leurs épreuves passées éclairaient quelque peu.

Quelques mots de madame Coillard, écrits de la route avant d'arriver à Shoshong, révèlent l'esprit dans lequel elle acceptait, avec son mari, les difficultés et les délivrances qui ne cessaient d'alterner :

« Tout le long de notre chemin, nous avons

senti la main de notre Père céleste, et nous avons accepté comme autant de réponses aux prières de nos amis toutes les bontés et les égards que chacun nous a montrés. Certainement le Seigneur a une œuvre durable à faire pour nous au Zambèze, et je reçois tous les encouragements et les paroles sympathiques comme sa voix qui nous dit et redit qu'il est avec nous et qu'il ne nous laissera pas.

« Mon cher mari a une très lourde charge, et une grande responsabilité pèse sur lui ; souvent, il se sent écrasé par les soucis qui se succèdent à chaque pas. »

Plus loin, lui-même ajoute : « Il a fallu tout déballer, trier, remballer, charger, recharger, et faire toutes sortes de combinaisons. Chaque caisse, chaque objet a dû, de nouveau, être inspecté, et son importance, son utilité ou sa nécessité, être mises de nouveau dans les plateaux de la balance Nos vêtements, nos effets personnels nous ont donné peu de peine ; par ce temps-ci, nous avons déjà appris à nous dépouiller petit à petit de ce que nous appelons volontiers le nécessaire, et à nous contenter de peu. »

L'humeur féminine ne s'accommode pas aisément de ces déménagements répétés, de ces recommencements perpétuels, et de ces tracas sans cesse renaissants, que les nécessités de leur voyage imposaient à nos amis. Mais madame Coillard y faisait face avec sérénité et bonne humeur, acceptant les ombres et les éclaircies comme dispensées par la même main sage et paternelle.

Son mari aime à lui en rendre témoignage :

« Tous les jours nous n'avons qu'à nous féliciter d'avoir avec nous ma femme et ma nièce. Les complications que leur présence occasionne ne sont pas à comparer aux bienfaits qu'elle nous procure. Ma femme a repris sa place de mère et de diaconesse parmi nous. Elle est souvent notre providence, et je suis persuadé que c'est en réponse à bien des prières qu'elle nous a été donnée. Tout cela doit augmenter la confiance de nos amis dans notre entreprise.

« Vous nous auriez vus, il y a peu de jours, à Mangwato, le soir, prêts à partir, et sur la place publique, nos six wagons attelés, entourés de toute la population européenne et d'une foule de naturels. Selon notre coutume journalière, quand nos bœufs sont déjà sous le joug, et avant de donner l'ordre de se mettre en marche, nous étions là, tous debout, la tête découverte; au milieu d'un profond silence, nous entonnâmes notre cantique :

Partout et toujours,
Mon Seigneur,
Tu m'as délivré; je t'invoque.....

puis, tombant à genoux, nous nous recommandâmes mutuellement à Dieu et à la parole de sa grâce.

« Puis vinrent les poignées de main; la nuit qui tombait cachait l'émotion générale, et un je ne sais quel courant nous saisissait irrésistiblement et faisait vibrer les cordes les plus secrètes de nos cœurs »

Il faudrait tout citer, et dépeindre chacun des groupes de ce monde nomade et de ces attelages pittoresques, mais si difficiles à diriger.

M. Jeanmairet, qui était du voyage et avait le privilège de voir un homme de Dieu à l'œuvre, disait combien l'empire sur soi était ici plus indispensable qu'ailleurs.

« Il n'existe pas, parmi les indigènes, de classe ouvrière, le plus pauvre est son maître, un homme libre. Malgré leur tyrannie, les chefs ont une rude tâche à contenter tout leur monde. Ils ne sont obéis qu'en comblant les uns de faveurs pour asservir les autres par leur moyen. Il en résulte que les missionnaires ont une véritable étude à faire pour être obéis, même de ceux qu'ils paient. Si le travail ne leur plaît pas, inutile de se fâcher; il faut leur montrer qu'ils doivent l'exécuter, et le bon sens alors triomphe de leur répugnance. Ils ont une perspicacité remarquable pour trouver le côté faible de ceux qui les commandent. Sans discuter, ils s'envisagent comme nos enfants et nous appellent leurs pères; mais ce sont de grands enfants gâtés. Le calme, la patience, la bonté, unis à une inébranlable fermeté, voilà les premières qualités d'un missionnaire. »

Encore une citation achèvera de peindre cette traversée du désert :

« La vue des Macaricaris a un peu ranimé l'entrain de nos compagnons de voyage. Ils sentaient, comme nous, que nous avions fait du chemin. Et puis, disons-le, il y a quelque chose de nouveau et de saisissant dans le panorama sauvage qui se déroule à nos yeux, avec ses lacs et ses sables, ses plaines immenses parsemées de bosquets, et ses solitudes silencieuses et sans vie. C'est à peine si une autruche ou une gazelle en fuite venait interrompre un moment la monotonie du tableau. Le lion même n'a daigné nous honorer que de son rugissement nocturne. Les hyènes affamées, seules, s'en prirent à nos ânes et nous causèrent du tracas.

« Dans les forêts vierges que nous traversons, la route n'a pas été tracée par un ingénieur. Le premier wagon qui a passé s'y est faufilé de son mieux, faisant des zigzags sans fin pour éviter les gros arbres; un second a suivi ces premières traces, puis un troisième, puis d'autres, puis les nôtres, enfin. Comment contourner tous les obstacles, avec nos énormes attelages? Il faut être constamment sur le qui-vive, et, malgré les soins, que de caisses défoncées et d'objets aplatis ou répandus!

« Nous sachant sous les tropiques, et en juillet, vous nous croyez sans doute à moitié rôtis. Rassurez-vous; c'est l'hiver, ici. Le thermomètre monte rarement à 20 degrés et descend quelquefois au-dessous de 5, à l'intérieur des wagons. Ceux qui savent combien les natifs sont frileux peuvent seuls se faire une idée de la peine qu'il y a à mettre tous les matins la caravane en branle. Oh! ma pauvre cloche et le clairon, comme on leur en voulait! On ne pouvait se douter comment, dans mes insomnies habituelles, je pesais pour ainsi dire chaque minute du sommeil de mon monde, et ne sonnais le réveil qu'au dernier moment. Un des bienfaits du dimanche, c'est que cloche et clairon restaient muets.

« Qui dira avec quels sentiments de soulagement, de joie et de reconnaissance, nous avons tout de bon dételé nos wagons et planté nos tentes? Nous n'avons pas eu de maladie sérieuse, pas d'accident grave, pas même de fâcheuses aventures. Nous avons vu le spectre de la faim et redouté la soif, mais Dieu a pourvu à tous nos besoins et a rempli pour nous les étangs du désert.

« Si notre chemin a été parfois obstrué et bordé de haies d'épines, c'est là aussi que nous avons cueilli les fleurs de la plus grande beauté et du parfum le plus suave. Nos difficultés les plus grandes ont été aussi les canaux des bénédictions les plus précieuses. »

Au mois de septembre, on atteignit Leshoma. Une lettre datée de là, de madame Coillard à son amie madame Morin, fait voir avec quelle patience ces esprits si entreprenants savaient attendre quand il le fallait.

« Nous avons été conduits jusqu'ici en paix et en sûreté par la main toute-puissante de notre Dieu, et maintenant nous attendons ce qu'il veut de nous. La colonne de feu a marché devant nous dans le désert, jour après jour, mais maintenant elle s'est arrêtée et nous ne prendrons pas les devants. Il est beaucoup plus difficile d'attendre que d'agir.

« Têtes dures que nous sommes, que de leçons ne nous faut-il donc pas! Sans cesse nous devons être ramenés aux rudiments, et il faut que nous nous persuadions que nous ne sommes rien, que Lui seul qui a commencé l'œuvre la mènera à bonne fin.

« Nous essayons, en toute humilité, d'apprendre cette leçon de patience dans ce lieu désert où il nous a déposés pour un temps.

« Nous savons que sa grâce ne nous manquera pas et qu'il nous utilisera quand nous serons suffisamment dressés pour son service. Alors il ouvrira devant nous une large porte qu'aucun homme ne peut fermer; c'est là notre confiance. »

En effet, M. Coillard, qui devait continuer jusqu'à la Vallée son voyage d'éclaireur, dut attendre pendant de longues semaines que le pays en révolution se fût un peu calmé; puis, la maladie commença à sévir dans les rangs de la petite troupe.

« Ici, dit-il, la maladie marche à pas de géant, et il faut recourir dès l'abord aux moyens les plus énergiques. On a remarqué qu'au bout de trois jours, s'il n'y a pas un changement en mieux, c'est un cas des plus graves. En revanche, si avant cette période on parvient à se rendre maître du mal, on se remet presque sans convalescence.

« Ma femme a beaucoup d'expérience et un tact tout spécial pour soigner les malades. Aussi longtemps qu'elle aura la santé elle-même, tout sera fait qui doit être fait. »

Mais l'infatigable garde-malade s'alita à son tour au commencement de 1885, juste au moment où les chefs, enfin réunis à Kazungula, attendaient M. Coillard pour l'escorter chez les Barotsis.

« Pendant trois à quatre jours, ma chère femme m'a donné de l'inquiétude; je ne savais pas quelle tournure prendrait son indisposition. Les chefs ne comprennent pas qu'on s'arrête pour une femme. Cependant, quelques-uns, venus à Leshoma pour voir celle qu'ils appellent notre mère, dirent au missionnaire en s'en séparant : « Soigne-la ; et quand tu seras prêt à partir, tu trouveras des canots et des gens. »

« Ma chère femme s'est montrée à la hauteur des circonstances. Dieu l'a admirablement soutenue. « Demain j'irai mieux, me disait-elle, et tu pourras partir. Je ne serai pas dans ton chemin quand Dieu t'ouvre la porte et t'appelle. » Il y avait donc un arc-en-ciel sur notre séparation. Dieu avait exaucé nos prières.

« Mais, vous le comprenez, ces trois mois, qui seraient peu de chose au Lessouto, seront sérieux et solennels pour nous deux. Ma femme devra rester avec un fardeau qui n'est pas léger. Si vous saviez ce que c'est que d'avoir à nourrir une bande de natifs comme la nôtre. »

Se trouverait-il beaucoup de femmes qui fissent ainsi le sacrifice de leur mari dans un pareil isolement et avec d'aussi lourdes responsabilités ?

Le temps ne fut pas perdu à Leshoma; madame Coillard, aidée de M. Jeanmairet, eut bientôt organisé une école du matin et du soir pour les pauvres petits sauvages des environs, les Masaroas, mangeurs de chenilles et de chrysalides. La mère de l'un d'entre eux disait avec étonnement : « Les choses de Dieu sont-elles aussi pour nous? Est-ce que Dieu s'inquiète des Masaroas? »

Notre siècle qui élève l'instruction à la hauteur d'un culte, que ne devrait-il pas à ces missionnaires, qui fondent l'école en même temps que l'église et se font, sur tout le globe, les instituteurs primaires de l'humanité primitive et déchue?

Nous ne suivrons pas M. Coillard dans ce voyage où l'accompagna seul le portrait de sa femme, dans le petit médaillon qu'il portait toujours sur lui; ce qui faisait dire aux indigènes : « Voyez comme il l'aime! »

Durant ces trois mois, la fièvre fit son œuvre à Leshoma, emportant la fille d'Aarona et de Ma-Ruthi, son intéressante compagne; première petite tombe qui devait être suivie de tant d'autres! Personne ne fut épargné, « ma chère femme moins que qui que ce soit. Et cependant, c'est sur elle que retombaient les soins du commissariat, la charge des ouvriers, le soin du bétail. « Je bénis Dieu, me disait-elle, de ce que j'ai toujours eu la tête libre, ai pu aller et venir, donner des médecines et des conseils à qui en avait besoin. » Mais vous ne la reconnaîtriez pas, tant elle est faible et amaigrie; ce n'est plus la personne robuste que vous avez vue il y a peu d'années. Elle n'est plus à un âge où la constitution supporte des secousses si fréquentes. »

A dater de ce temps, en effet, madame Coillard ne jouit plus d'une complète santé qu'à de rares intervalles; mais, sa force morale triomphant toujours de ses impressions physiques, elle surmontait l'abattement et accomplissait vaillamment sa tâche.

Le meilleur souvenir qu'on emporta de Leshoma, ce furent les fiançailles de M. Jeanmairet et de mademoiselle Élise Coillard qui avaient eu le privilège, ceux-là, de pouvoir se bien connaître et apprécier.

A la fin d'août, la caravane passa le fleuve, et, le premier dimanche, le *Messager de Paix*, canot donné par des amis, mis à l'eau, conduisit nos missionnaires, avec les évangélistes et leurs familles, visiter un vieil indigène qui les avait accueillis en 1878.

On est heureux d'entendre madame Coillard, dans une lettre datée de Kazungula et adressée à madame de Pressensé, exprimer la satisfaction qu'ils avaient d'avoir enfin atteint cette rive gauche du grand fleuve et cette tribu qu'ils étaient venus évangéliser.

« Quelle joie peut égaler celle que j'éprouve aujourd'hui de pouvoir vous envoyer d'ici mes chauds remerciements pour la lettre que le dernier courrier nous a apportée à Leshoma?

« Nous avons eu ces jours derniers une preuve éclatante de la bonté et de la fidélité de Dieu à notre égard. Nous redoutions beaucoup la traversée de ce grand fleuve; et maintenant que tout est passé et que nous n'avons à déplorer ni accident, ni contretemps, nous nous disons : Ah! gens de petite foi, pourquoi avez-vous douté?

« Nous voici maintenant dans le pays des Barotsis, et les murs de notre prison de Leshoma sont derrière nous et presque oubliés.

« Plusieurs chefs sont venus avec leurs gens pour faire traverser nos wagons et aussi pour voir ce que nous serions disposés à leur accorder comme paiement en réponse à leurs importunités. Mon mari avait de la peine à arriver à une entente avec ces chefs rapaces; enfin, avec 250 yards de calicot écru et beaucoup de patience et de douceur, on est arrivé à conclure. Et quand on a ajouté au paiement une tabatière de deux sous à chacun, la joie et le contentement étaient grands. Pas de vol; tout a été respecté, même les objets traversés au clair de lune.

« Nos cœurs débordent de reconnaissance envers notre Père céleste qui a dirigé chacun de nos pas pendant ce long voyage, et qui nous ouvre maintenant une si grande porte.

« Nous ne saurons jamais les fruits de notre travail à Leshoma; c'était vraiment le pain jeté à la surface des eaux Nous avons parlé à ceux qui travaillaient chez nous, enseigné les cantiques les plus simples, et ils ont emporté cette semence dans leurs villages. C'est pour moi une satisfaction inexprimable de m'entretenir avec les femmes et les jeunes filles qui viennent par bandes admirer notre wagon, nos tentes, nos ânes; tout, tout leur est nouveau. Nous leur parlons de notre but en venant au milieu d'eux. »

En novembre, la mission s'établit à Seshéké, où fut célébré le mariage des Jeanmairet.

VIII. — Installation définitive à Séfula.

Il ne fallut pas moins d'une année et plus d'un voyage pour que M. Coillard se persuadât que sa place était bien non pas à Seshéké, qui n'est que l'entrée du pays des Barotsis, mais à plus de cent lieues de là, dans la Vallée, près du roi et de sa capitale. Sur un coteau au-dessus de la Séfula et à la lisière d'une forêt, on commença les défrichements nécessaires.

Madame Coillard put encore présider, à Seshéké, à l'installation de sa nièce et l'assister pendant ses couches, à la fin de 1886. Ce ne fut que le 10 janvier 1887 qu'elle atteignit Séfula et le terme de ses pérégrinations. Toutes les populations s'étaient portées sur son passage pour contempler de leurs yeux et pour la première fois « une dame blanche ».

« Séfula n'est pas précisément un Eldorado; ce n'est pas non plus la fin de nos difficultés, mais c'est le port après un voyage de trois ans et une vie errante de dix années.

« Depuis 1877, nous n'avons plus posé le bâton de pèlerin. Si nous avions prévu tout ce qui était devant nous, le courage nous eût probablement manqué. Mais Dieu, dans sa grande bonté, nous a conduits pas à pas. Les difficultés ont surgi une à une, et, une à une, elles ont été surmontées. »

Le vieux wagon leur servit encore d'abri jusqu'à ce que les deux jolies petites chambres que leur préparait l industrieux Waddell fussent terminées. On entendait parfois le cri des hyènes et des chacals; le bétail eut à souffrir de leur voracité, mais aucune vie ne fut en danger.

Dès lors, l'évangélisation et l'école devinrent

le labeur quotidien et l'ardente préoccupation de nos missionnaires.

Ce serait une belle étude de diplomatie chrétienne que celle des relations que d'emblée M. Coillard sut nouer et entretenir avec le roi Léwanika, sa sœur, la reine Mokwaé, et les chefs. On l'y verrait unir, au courage et à la puissance d'un apôtre, cette sagesse, ce tact, l'à-propos, la présence d'esprit, qui ont placé si haut notre mission du Zambèze.

S'étaient-ils doutés des difficultés qu'allait leur susciter une population comme les Barotsis, non seulement adonnée à tous les crimes, mais sans aucune consistance morale?

La conscience muette et morte, ni malaise, ni remords des plus criants péchés ; aucune pitié pour les souffrances d'autrui ; la superstition avec tout son hideux cortège de sorcellerie ; la peur et la défiance les uns des autres, trop justifiées, hélas ! et avec tout cela le goût du plaisir et de la plaisanterie, le sens du ridicule et l'horreur du sérieux Voilà le milieu dans lequel ils étaient appelés à travailler.

Quelle ardente charité ne fallut-il pas à madame Coillard, habituée aux soins physiques de sa race, pour surmonter le dégoût que ces noirs et sales Zambéziens durent souvent lui inspirer !

Sous la direction d'Aarone et avec la participation quotidienne de nos deux missionnaires, l'école commença aussitôt. Une salle, un abri manquait ; on se réunit sous l'ombrage des arbres ; il n'y avait pas d'ardoise, on écrivit sur le sable. Les enfants affluèrent, les fils du roi et des chefs se construisirent au plus près de la station, pour eux et pour leurs esclaves, des huttes et des cases, pour ne rien perdre de cet enseignement que Léwanika sut apprécier et faire respecter. Aux garçons se joignirent les filles. Madame Coillard se trouva obligée d'accepter et les filles du roi et de jeunes esclaves qu'il lui envoyait et d'en remplir sa maison. Elle, qui avait tant joui de son *home* à Léribé, dut jusqu'à un certain point renoncer à l'intimité du foyer domestique et en faire partiellement le sacrifice. On ne la voit plus à Séfula qu'entourée de ce petit bataillon féminin qu'elle appelle « ses filles », et qui devait lui causer tant de sollicitudes et de cuisante peine.

Elle tente de leur enseigner les habitudes de propreté et d'ordre, premier degré du respect de soi ; elle les initiait aux travaux de la maison et chaque jour consacrait régulièrement avec elles quelques heures à la couture et au chant.

On se développait à Séfula; l'intelligence s'éveille plus vite que la conscience, et nos missionnaires s'affligeaient de ne compter parmi leurs élèves qu'une seule conversion, celle de Nguana-Ngombé. Ce jeune esclave devenu leur courrier, leur pourvoyeur, le factotum et le bras droit de M. Coillard, l'exemple de toute cette jeunesse peut servir de justification à la mission au milieu d'un peuple qui, sous sa dégradation, peut renfermer de tels éléments.

En rapprochant une page de M. Coillard d'une de sa femme, on a au complet le tableau de leur vie de tous les jours.

« Les occupations matérielles qui nous écrasent et nous absorbent sont une lourde croix que nous traînons souvent de mauvaise grâce. Le missionnaire, que malheureusement sa position met en évidence et que votre affection place sur un piédestal, ne vit pas là-haut, ce ne sont que les statues qui y restent. Sa vie n'est pas non plus la vie contemplative du moine, ni celle d'un amateur d'aventures d'héroïsme à grand éclat, non ! Elle est d'un terre-à-terre qui vous étonnerait, c'est un tissu d'humbles devoirs et de petits détails qui émiettent son temps, sa patience et ses forces. Le soir un sentiment de tristesse s'empare de lui quand il fait le bilan de ses occupations et n'a guère à montrer que désappointements et fatigues. Même pendant son sommeil, il est souvent hanté par la perspective des luttes du lendemain. Est-ce là, je me le demande, la vie idéale d'un apôtre? Quand saint Paul cousait ses tentes, était-il parfois obsédé des soucis qui tourmentent le commun des mortels? »

« Mon mari, dit à son tour madame Coillard, se lève à cinq heures tous les jours, et à six heures on sonne pour la prière publique du matin, qui se fait à l'église. Nous déjeunons à sept heures et demie, et de suite après nous avons la prière de famille, qui se fait en anglais à cause de Waddell. Les seuls indigènes qui y assistent sont Litia et Nguana-Ngombé. A neuf heures, on sonne pour l'école, cette école si intéressante où j'aimais tant enseigner, mais maintenant mon mari va tout seul et cela me navre le cœur, car c'était tout mon bonheur de l'aider, quand mes forces me le permettaient. Dieu me les rendra peut-être, et sinon, il m'aidera à sentir moins mon incapacité. L'école sort à midi, et une demi-heure après nous avons le goûter, tout le monde se repose jusqu'à deux heures. A ce moment les ouvriers retournent à leur travail, et moi je commence ma classe de couture qui dure jusqu'à quatre heures. Depuis ce moment-là, jusqu'au coucher du soleil, il y a beaucoup d'animation au dehors, au dedans et autour de nous : les uns puisent de l'eau, les autres montent du blé, d'autres encore préparent le repas du soir à la cuisine, soit pour notre nombreuse famille de filles et de garçons, soit pour nous. Nous dînons toujours à sept heures et demie, très souvent de laitage, de légumes du pays, de poisson, quand nous pouvons nous en procurer, ou même d'oiseaux sauvages que les grands garçons de l'école ont la bonté de chasser pour nous, mais ce n'est pas à dire qu'ils aient toujours du succès. Les brebis et les chèvres ne s'acclimatent pas à la Vallée. »

IX. — Les cinq dernières années.

Chacune des cinq années que madame Coillard passa à son poste lui apporta son tribut de bénédiction et surtout d'épreuves.

En août 1887, eut lieu à Seshéké la première conférence missionnaire à laquelle prirent part les Louis Jalla qui venaient d'arriver. M. Coillard dut s'y rendre, quoique inquiet de quitter sa femme et de lui laisser ainsi la grande maisonnée sur les bras. « Madame Coillard, déjà écrasée par ses propres devoirs, doit encore se charger d'une partie des miens et assumer toute la responsabilité. Ce n'est pas tâche aisée avec des Zambéziens. »

Ces absences si souvent répétées, que la correspondance n'adoucissait pas et qui accroissaient ainsi démesurément le fardeau de la digne femme, ont dû contribuer à son épuisement prématuré.

L'année 1888 fut marquée, à son début, par un grand deuil, la mort de M. Dardier, et à la fin par le départ d'Aarone qui avait été d'un si grand secours pour l'école.

Madame Coillard, écrivant à son amie madame Morin, déplore la perte de ce jeune docteur qui eût été si nécessaire dans un pays où les maladies sont si fréquentes et si meurtrières, et elle a peine à s'expliquer les voies de Dieu à ce sujet.

Mais écoutons-la :

« Ce que c'est que de recevoir le courrier après plusieurs mois! Vous ne sauriez croire combien est solennel le moment où l'on ouvre le précieux paquet et où l'on se demande duquel de nos bien-aimés allons-nous apprendre peut-être qu'il est parti pour le ciel ; lesquels seront dans la joie, lesquels dans l'épreuve ? Ces pensées traversent l'âme comme des éclairs, tandis que les doigts tremblants déchirent les enveloppes.

« Pour atteindre ceux que nous aimons, le chemin le plus court, c'est le trône de la grâce. Là, nous trouvons une oreille prête à écouter et une main capable d'aider ceux que nous ne pouvons pas assister et dont nous ne connaissons pas tous les besoins.

« Que de fois n'avons-nous pas senti nous-mêmes et comme touché avec le doigt que les miséricordes et les bénédictions dont nous étions les objets nous venaient en réponse des requêtes qu'adressaient pour nous de bien-aimés amis de l'autre côté de l'Océan.

« Ce que nous devrions nous efforcer d'obtenir davantage, c'est la simplicité de la foi, et alors il nous serait accordé de mieux voir la réalité du secours tout-puissant.

« Ne pensez-vous pas que beaucoup de nos prières demeurent sans réponse parce qu'il reste en nous une racine d'incrédulité et que nous ne nous attendons pas pleinement à ce que Dieu fasse ce que nous lui demandons ? »

A propos de quelques amis âgés encore de ce monde, elle dit si bien :

« Qu'il y a de belles vieillesses parmi les enfants de Dieu ! Il semble que l'âme devienne toujours plus lumineuse à mesure qu'elle s'approche de l'aube divine où tout ce qu'il y a de mortel sera dépouillé et remplacé par un vêtement d'immortalité.

« Quel stimulant à user de ce qu'il nous reste de forces au service de celui qui veut bien nous employer à porter son message aux pécheurs ! »

Après avoir donné les nouvelles de la station, elle dit d'elle-même :

« Au commencement de l'année, j'ai été misérable pendant longtemps. J'avais pris une ophtalmie à force d'en soigner et de verser du sulfate de zinc dans les yeux de ceux qui en souffraient. Je ne me rappelle pas de toute ma vie avoir eu ce genre de mal. Puis vinrent des maux de gorge et, après, une forte attaque de fièvre. Tout cela m'a confinée dans ma chambre et mon lit pour bien du temps. Je puis me dire maintenant, et avec reconnaissance, revenue à la santé et en état de mener une vie bien occupée. »

Elle parle avec amour des trois petites filles qu'elle avait sous son toit depuis plus d'une année et qui y sont déjà métamorphosées, les mains et le visage toujours propres, un petit air heureux et civilisé.

Il lui tarde que le bâtiment qui servira de temple et d'école soit achevé et que son cher mari n'ait plus à prêcher exposé à tous les vents et toutes les ardeurs du soleil, comme il le fait depuis qu'ils ont quitté Léribé.

Le départ d'Aarone l'attriste.

« Quel besoin nous aurions d'un instituteur assuré qui fît de notre école son œuvre! Oh! que j'aimerais que l'Afrique fût un champ aussi attrayant que la Chine, où tant de jeunes dames d'Angleterre et d'Amérique vont consacrer leurs forces. »

L'année 1889 fut inaugurée par une grave maladie de M. Coillard. A peine relevé et se traînant encore, il écrivait :

« Qui comprendra les angoisses de ma femme, seule avec une charge déjà trop lourde pour deux, seule à suivre et à combattre les progrès rapides de la maladie, et menacée de se trouver bientôt plus seule encore au milieu de ces populations sauvages et si loin de tout secours? Mais Dieu est bon. Je n'étais pas indispensable à son œuvre, il veut bien cependant se servir encore de moi. »

Que ne fut et que ne fit, pendant ce temps d'épreuves, le remarquable jeune homme nommé Nguana-Ngombé? Levé à l'aube, préparant la nourriture de la maison, faisant la prière, distribuant les vivres et l'ouvrage à chacun, obéi et respecté de tous presque à l'égal d'un blanc.

Madame Coillard fléchit à son tour et tomba malade, Waddell également, puis les enfants de l'école furent attaqués d'ulcères, et l'école, qui, malgré le départ d'Aarone, en contenait plus de quatre-vingts, se débanda. La reine Mokwaé, défiante, irritable et peu sûre, donna le signal en retirant les siens, et semant le mauvais vouloir dans le pays et la malveillance contre ces « gens du livre », qui promettent l'immortalité et ne peuvent empêcher ni la mort, ni la maladie.

Les femmes du Zambèze, dont la reine est un triste échantillon, sont une des plus grandes difficultés, dit quelque part M. Coillard.

Nos amis eurent donc de rudes moments à traverser.

Néanmoins, la seconde conférence devant se tenir en août à Seshéké, de nouveau ils durent se séparer. Une lettre de madame Coillard à son amie, en l'absence de son mari, montre, une fois de plus, l'énergie de foi et d'action de cette femme de Dieu :

« Vous êtes si continuellement présente à ma pensée, et je vous écris tant de lettres dans mon cœur, que j'ai peine à comprendre que j'aie pu laisser passer près d'une année sans vous adresser un témoignage visible de ma sincère et inébranlable amitié.

« Mon mari est obligé à de fréquentes absences et je reste chargée de tant de choses, que le loisir me manque pour écrire à tête reposée.

« Il vient de me quitter (pour la deuxième conférence, à Seshéké). Vous pouvez comprendre que c'est le cœur bien plein que je lui ai dit adieu, en pensant à ces trois mois de séparation, et aux périls et aux fatigues de ce voyage pour la santé de ce cher mari.

« Jamais il ne visite Léaluyi impunément. Dans ses deux récentes courses, il a eu de fortes attaques de fièvre, dues, sans doute, à l'eau malsaine qu'on y boit. »

Elle parle ensuite des espérances que fait concevoir, pour l'amélioration des routes et des transports et la plus grande fréquence des courriers, l'établissement possible d'une Compagnie minière, pour laquelle un M. Ware est venu traiter.

« L'œuvre qui nous tient le plus à cœur et que nous faisons de meilleur gré, notre école, a passé par une crise, depuis le départ d'Aarone et de sa famille. Elle a dû passer entièrement entre nos mains et nous avons expérimenté, une fois de plus, la vérité de cette parole : « Ta force durera autant que tes jours. »

« Ma nombreuse maison a été, pour moi aussi, une source de constante occupation, autant que de profond intérêt. Je ne cesse de remercier Dieu d'un cœur reconnaissant pour le privilège qu'il m'a accordé, en confiant à mes soins toutes ces chères filles et ces chers garçons qui vivent sous notre toit. Nos quatre petites princesses viennent d'aller faire un petit séjour chez elles, le premier depuis environ une année. Elles ont été fort obéissantes et se sont montrées intelligentes et industrieuses. Ce m'était une grande satisfaction que de les voir si heureuses et si satisfaites dans une vie aussi nouvelle pour elles. Les deux filles du roi lisent déjà couramment, et les deux autres, fiancées, quoique si jeunes, à son fils et à son neveu, commencent aussi à lire joliment.

« C'est une large porte qui s'est ainsi ouverte à nous, et si nous avions plus d'aides et de moyens, le nombre d'enfants particulièrement qui viendraient nous demander de les instruire serait presque sans limite.

« Il y a quelque temps, un cher petit garçon arrêtait mon mari sur la route. « — *Moruti*, « j'aimerais tant devenir ton petit garçon !... « Ne me renvoie pas si je vais dans ta maison. » Mon mari répondit : « — Cela dépendra de ta « conduite, mais, avant tout, tu dois obtenir « ce consentement de tes parents. — Je l'ai ! « je l'ai ! Mon père travaille dans les champs « de la station. »

« Ce cher petit Likokéla a, maintenant, sa bonne place dans nos affections, et sa mère, qui m'est venue voir, m'a aussi témoigné le désir de comprendre et de croire ce que nous enseignons. Nous avons un petit monde d'intéressantes personnes qui suivent assez régulièrement le culte du dimanche, et que nous considérons comme le noyau de notre future congrégation. »

Puis elle parle de Séajika, un des deux Zambéziens qu'à leur premier voyage, en 1878, ils avaient emmenés au Lessouto pour y être instruits pendant le voyage en Europe, et ramenés dans leur pays. Séajika n'avait point fait honneur à l'Évangile, et s'était conduit presque comme un renégat. Mais, repris publiquement à la capitale par M. Coillard, le repentir l'avait saisi, et il semblait de nouveau se donner à Dieu.

« Quant à Nguana Ngombé, il croît en grâce et dans la connaissance du Seigneur. Il aime à lire sa Bible. Aujourd'hui même, il a parlé à nos gens avec beaucoup d'à-propos et d'éloquence, sur la joie du bon berger qui retrouve sa brebis perdue (Luc, XV).

« A une heure de l'après midi, nous avons toujours l'école du dimanche, après quoi ils vont prêcher avec Séajika, chacun de son côté et accompagné d'un ou deux de nos garçons, dans les environs.

« Les villages sont disséminés et d'un difficile accès, à cause des marécages coupés par de profonds fossés, pour diminuer l'humidité et rendre les lieux habitables. Les Barotsis aiment ces endroits malsains et n'habiteraient pas volontiers, comme nous, sur la colline et à la lisière de la forêt. Aussi, leurs maladies sont-elles sans nombre : une sorte de lèpre est fort commune; puis, des ulcères très profonds, qui se répandent sur tout le corps, particulièrement sur les bras et les jambes, et mettent fréquemment la vie en danger. Trente de nos écoliers en ont été atteints cette année, et ont dû s'aller soigner chez eux pour ne pas infester les autres.

« Vous aurez compris notre chagrin de la mort si prompte de M. Dardier.

« Il était perdu pour la mission avant que de l'être pour sa famille, auprès de laquelle il avait si grande hâte de retourner.

« J'ai été, moi-même, bien éprouvée tout l'été ; les attaques de fièvre se suivaient sans interruption.

« Maintenant, je suis reconnaissante de me sentir de nouveau capable d'aller et de venir sans trop de fatigue, et surtout de recouvrer entièrement mes pauvres yeux, si longtemps malades, et qui me sont si précieux dans cet isolement.

« Je ne puis vous dire combien nous sentons profondément toute la bonté des Dames du Comité, qui savent si bien se mettre à notre place et nous envoyer justement les choses qui nous font besoin. Nous nous sentons incapables d'en exprimer suffisamment toute notre reconnaissance. »

A la fin de cette année 1889, tandis que les Louis Jalla se transportaient de Seshéké à Kazungula, leur frère, M. Adolphe Jalla, arrivé d'Europe, venait réjouir Séfula de sa présence et de son utile concours.

Le nouvel an 1890 vit une fête d'école qui fera époque dans ces parages :

« Le grand événement de notre petit monde, c'est notre fête d'école du jour de l'an. On en parlait beaucoup autour de nous, de cette fête. J'avais peu d'entrain, et ma femme était malade.

« Mais c'est étonnant comme le devoir vous maîtrise et vous pousse. Il vous pousse parfois même à vous oublier, ce qui est une grande bénédiction.

« Le roi me signifia son intention de venir avec une foule de gens. Il m'écrivait la veille, dans un style amusant : « Je suis un grand

« roi, j'arrive avec quatre de mes princesses « (ses femmes), avec de grands personnages « et une suite nombreuse. Aussi, je me de- « mande comment tu vas t'en tirer pour rece- « voir dignement toutes ces foules. »

« En effet, nous sommes envahis, et ce n'est pas peu dire, quand il s'agit de gens sans discrétion.

« Le roi m'a gracieusement envoyé un bœuf; je lui ai rendu le compliment en lui en offrant un des miens. J'en ai abattu deux autres, puis, avec une distribution libérale de millet, de farine de maïs et de lait caillé, nous avons réussi à faire face aux exigences de l'hospitalité.

« Le jour de l'an donc, après un court service, nous eûmes un examen public, se composant surtout de lecture, chants et récitations. Léwanika, son livre à la main, suivait la lecture avec un grand intérêt, reprenant ici, encourageant là, car les examens, si insignifiants qu'ils soient, rendent nerveux même les enfants du Zambèze.

« Suivit une distribution générale d'étoffes, livres, cahiers, jouets, puis des jeux pleins d'entrain, dont notre ami Waddell était l'âme. Il essaya même d'enseigner à nos amis le cricket, le fameux jeu national britannique. Un repas copieux, et, le soir, une exhibition de la lanterne magique, close par un coup de canon, terminèrent cette belle journée. Tout s'est passé calmement et naturellement.

« Après la distribution de nos cadeaux, Léwanika, qui n'est rien moins qu'orateur, a harangué la foule qui se pressait devant notre véranda et a surtout tancé nominativement certains chefs qui n'ont pas envoyé d'enfants à l'école.

« La reine Mokwaé n'est arrivée que le lendemain, en grand style. Elle aussi, elle est une grande reine ! Donc, la fête s'est prolongée en son honneur. Nous avons même eu une deuxième séance de lanterne magique, une des mieux réussies que j'aie encore eues. C'est la première fois que j'ai pu intéresser mes gens à des choses sérieuses. C'était beau, au lieu du calme plat d'autrefois, d'entendre nos enfants s'écrier : « Oh ! c'est Abraham of-« frant Isaac en sacrifice. Voyez donc les liens, « le couteau, l'ange, le bélier !... Regardez « donc ! c'est Joseph, il songe... on le vend... « il est en prison !... Et ce grand seigneur ! « c'est encore lui, Joseph ! » Cette soirée m'a fait du bien, elle m'a encouragé.

« Le dimanche, notre temple était comble; l'auditoire était si pressé, si compact, que nous l'avons estimé à cinq cents personnes à peu près.

« C'est la première fois que je montais dans ma chaire de roseaux. Je n'en ai jamais occupé de plus confortable, même en Europe.

« Mokwaé, et avec elle bien d'autres aussi, s'étonnaient que je ne la partageasse pas avec « le roi, mon frère et mon ami ».

« Le roi, lui, était troublé par d'autres pensées. Il ne pouvait admettre que les femmes entrassent avec les hommes dans cette maison. « Impossible! me disait-il, elles s'assoiront « dehors, se grouperont aux fenêtres avec « Mokwaé et mes femmes, et nous, hommes, « nous remplirons l'église. — Non, non, lui « dis-je, la maison de Dieu est pour tous, et « les femmes occuperont comme toujours le « côté qui leur est réservé. » Il argumenta, claqua de la langue, mais vit bientôt qu'il ne l'emporterait pas. J'avais souvent discuté la question chez lui, sans résultat. Ici, j'étais chez moi.

« Du reste, le coup d'œil que présentait la congrégation était de nature à frapper quelqu'un de plus blasé. Mokwaé, quelques-unes de ses sœurs, les femmes du roi et nos quinze ou seize jeunes filles, toutes vêtues de robes aux brillantes couleurs, formaient auprès de madame Coillard un groupe intéressant, tandis que bon nombre de femmes, qui ne peuvent ou n'osent pas encore s'habiller à l'européenne, avaient ceint sur leurs têtes le mouchoir dont les hommes réclament encore l'usage exclusif. Quand nous entrâmes, les vieux courtisans donnant les ignal, toute l'assemblée se mit à frapper des mains. Je fus vite sur les degrés de la chaire et imposai silence, leur rappelant que c'était là la maison de Dieu, où l'on ne connaissait que lui seul, et qu'une fois sortis du service, ils pouvaient à cœur joie faire honneur à leur roi. Je fis ensuite décoiffer tous les hommes. Les bonnets de coton et les mouchoirs disparurent en un clin d'œil, et j'eus un auditoire sérieux et attentif.

« Comme toujours, nous jouîmes de la visite de Léwanika ; il en parut lui-même si satisfait qu'il me pria de lui laisser l'usage de l'établissement d'Aarone jusqu'à ce qu'il eût pu se faire construire un autre pied-à-terre à Séfula.

« Mokwaé resta quelques jours de plus pour

voir « sa chère mère », en réalité pour lui faire tailler et coudre des robes. Ma pauvre femme, elle, si malade et si faible! Mokwaé le voyait bien, puisqu'elle ne se traînait hors de son lit que pour la recevoir... Mais de quel droit serions-nous malades, nous autres blancs? »

A propos de Mokwaé, M. Coillard disait, quelque part : « Elle a beau être aimable et contente, cette femme, il y a un je ne sais quoi qui forme une barrière entre nous. Je n'ai pas encore gagné sa confiance. Avec elle, je sens d'une manière poignante le besoin de cette sagesse qui sait gagner les âmes. Du reste, je pourrais généraliser cette remarque. L'évangélisation des femmes zambéziennes est la partie la plus ardue de notre tâche. Nous ne savons comment les atteindre; elles ne s'intéressent et on ne peut les intéresser à rien. C'est navrant. Nous taillons dans un roc bien dur. C'est aussi la douloureuse expérience de ma compagne, malgré les dons que Dieu lui a donnés. »

A la fin de février, une petite fête plus intime fut célébrée à Séfula.

« Nous sommes réunis, cette fois, ma femme et moi, écrit M. Coillard à un ami, pour le vingt-neuvième anniversaire de notre mariage.

Et, pour jouir l'un de l'autre un peu plus, j'ai donné congé à mon école; j'ai même tué un gros veau et mis sur la table un bouquet de verdure avec quelques fleurs blanches qui ont toute la suavité du parfum des orangers. Nous sommes donc en fête. Malheureusement, ma pauvre femme n'est pas bien. Elle a passé toute la journée sur le lit, elle n'est bien que là. Le devoir est impitoyable; il nous rudoie comme un caporal fait marcher ses hommes. Mais ces efforts, répétés tous les jours, coûtent aussi tous les jours un peu plus. C'est là un nuage bien sombre à notre ciel de Séfula, et nous nous demandons s'il se dissipera jamais Il est bon de se savoir les objets de la tendresse du Roi céleste, quoi qu'il arrive.

« Le croiriez-vous ? nous avons fait un pique-nique à deux cents pas de la maison, sous un bel arbre, à l'ombre duquel nous nous disions qu'il ferait bon de nous reposer jusqu'au matin de la résurrection. »

Et c'est là que maintenant elle repose en effet!

A la Pentecôte, une cérémonie d'un autre genre les réunit autour de Nguana-Ngombé, dont la profession chrétienne, attestée par sa vie, n'avait plus qu'à être confirmée par le baptême. Il prit le nom d'Andréase, André, parce que, disait-il, ce fut le premier disciple que Jésus appela. Litia, le jeune prince qui témoigne à ce compagnon de caste inférieure une grande amitié, lui disait : « Que tu es heureux !... — Oui, ami, mais il ne tient qu'à toi de l'être comme moi. »

M. Coillard, qui aspirait à ne plus bouger et à ne pas quitter sa femme, reçut de si inquiétantes nouvelles de la santé de M. Jeanmairet, qu'il dut partir précipitamment. Mais une aggravation du mal avait forcé ce jeune couple à quitter immédiatement le Zambèze pour conserver quelque chance de guérison. M. Coillard n'eut donc pas la satisfaction d'embrasser sa nièce, mais il en fut quelque peu dédommagé par l'arrivée de mademoiselle Kiener, précieuse aide qu'il put ramener à Séfula en septembre, où le départ de M. Ad. Jalla et de Litia allait faire un grand vide et où l'horizon politique s'était assombri. A Noël de la même année, les Louis Jalla, qui avaient perdu leur second enfant dans l'été, mirent à exécution un projet formé depuis longtemps, et voulurent faire un séjour de quelques semaines auprès de celui qu'ils appelaient, avec non moins de raison que les indigènes, « notre père », et ce furent d'entre les derniers beaux jours de nos amis.

1891! cette année de croix et de deuil, ne commença donc pas trop mal. On mit en commun les expériences et les déboires, et nos missionnaires venaient d'en avoir de bien cruels. M. Jalla et sa compagne s'occupèrent de l'école et de l'évangélisation, et s'intéressèrent à l'œuvre de Séfula comme si ce fût la leur propre. « Comme les navires qui, sous les tropiques, labourent les ondes phosphorescentes, leur passage ici, écrivait M. Coillard, a laissé une traînée de lumière. »

Ce ne fut que plusieurs mois après les faits douloureux qu'on va lire, que madame Coillard prit le courage de les raconter dans une lettre à madame Boegner, tandis que son mari faisait de son côté le même douloureux récit. Nous compléterons l'un par l'autre.

« Il vous souvient qu'outre les filles de Léwanika, nous en avions trois autres sur lesquelles nous avions concentré beaucoup d'affection et fondé de l'espoir. Illusion et déception! De ces trois, deux ont dû être sommairement chassées de notre maison. Elles sautaient de nuit l'enclos de la cour et, selon les mœurs du pays, allaient se livrer au désordre dans le village; ou, trompant notre vigilance, en plein jour, elles donnaient rendez-vous à leurs complices dans les bois. Vous devinez le reste. Cela est vite dit, *mais ce qui ne se dit pas et ne peut pas se dire, ce sont les souffrances, les tortures morales par lesquelles nous avons passé, ma pauvre femme surtout. Ses angoisses, ses larmes ajoutées à son état de si grande faiblesse, ont failli la faire succomber.*

« Nous avions souvent frémi d'horreur au contact de l'épouvantable corruption qui règne autour de nous et empeste notre atmosphère, mais nous ne réalisions pas encore complètement que c'est en pleine Sodome que nous vivons. Il est bon que vous sachiez que, quand nous parlons à mots couverts de corruption, c'est un abîme que nous couvrons, par déférence pour vous et par pudeur. Nos généralités ne disent rien qui approche de la vérité. Ce sont d'épouvantables réalités qui partagent nos nuits entre les insomnies et les cauchemars. »

Ce coup atteignit la vénérable femme en plein cœur. Quoiqu'on la vît encore s'efforcer de prendre part à la vie commune, accompagner son mari à la capitale, accepter même de nouvelles petites filles dans son intérieur, elle avait perdu une des ailes de l'activité : la confiance en son œuvre de prédilection. Ces enfants, c'était sa joie, sa conquête, presque son orgueil. Nul doute que ce chagrin n'ait contribué à hâter sa fin.

Peut-être le Seigneur, qui a pour ses serviteurs d'élite des souffrances de choix, voulut-il, par cette amère déception, achever d'épurer cette vie consacrée et l'associer, elle aussi, en quelque mesure, aux souffrances de Jésus-Christ pour l'Église qu'il se prépare au Zambèze.

C'est le 28 octobre 1891 que Dieu l'a rappelée, et il n'appartenait qu'à M. Coillard de décrire comme il l'a fait ce départ pour le ciel.

Conclusion.

« *The most hight, the most tremulous.* »

Cette parole de Chalmers revient à la mémoire quand on jette un coup d'œil d'ensemble sur cette existence mouvante, qui n'a pas connu le repos parce qu'elle a fait luire jusque dans les plus profondes ténèbres son flambeau pur et élevé.

C'est à l'âge où une carrière déjà fournie, une œuvre accomplie et un long passé inspirent habituellement le besoin du calme et de la stabilité que madame Coillard fut appelée à s'associer à l'une des plus grandes entreprises missionnaires de notre siècle. Par la manière dont elle s'acquitta de la tâche acceptée, elle a rendu au beau mot consécration, parfois légèrement prononcé, toute sa valeur.

Tandis que nous, enfants gâtées des vies commodes, un déplacement, un malaise, une contrariété, un rien nous accable, il fait bon la voir, cette femme infatigable, supporter les difficultés, les voyages périlleux, les responsabilités écrasantes, sans sourciller, sans un murmure, comme choses naturelles et prévues et « son service raisonnable ».

C'est que sa foi était tout ensemble une obéissance parfaite et une confiance sans bornes. Elle discernait partout la main du Père qui dirige, qui aide et qui donnera ce qu'Il demande. Comptant toujours et en toutes rencontres sur les promesses de Dieu, on peut dire qu'elle le prenait au mot.

Dans ses affections comme dans ses convictions, on sent une force, une solidité, une fidélité qui fait penser aux réalités immuables.

Madame Coillard a contribué, avec son mari, à ramener dans nos Églises du dix-neuvième siècle l'âge héroïque du seizième.

Les pasteurs du Zambèze parlent et prêchent comme le faisaient, comme l'eussent fait nos pasteurs du désert.

Ce que tout cœur de femme contient en germe de tendresse maternelle, chez elle s'est déversé sur la grande famille païenne, et a donné à ses relations avec l'enfance et la jeunesse noires qui l'entouraient un timbre tout particulier.

Que de contrastes dans un caractère missionnaire vraiment complet : la douceur s'y joint à la fermeté, la patience à toute épreuve à une initiative toujours en éveil, et la plus ardente charité ne se passe pas de cette mesure, de ce tact qui, tenant compte de l'état réel de ceux auxquels on s'adresse, ne leur demande pas d'emblée plus qu'ils ne pourraient porter.

A force de les exercer, madame Coillard avait acquis presque tous les talents féminins. Elle s'était adonnée elle-même à toutes les occupations ménagères, et on la vit longtemps fabriquer son pain, sa chandelle et son savon. A la tête d'une pareille maisonnée, il fallait aussi savoir administrer, prévoir et pourvoir à temps.

Elle n'était pas moins éducatrice, et n'a pas cessé de tenir école et d'élever, dans le meilleur sens du mot, tout ce qui l'entourait et lui tombait sous la main.

Une sorte de pénétration mise au service de la charité lui faisait découvrir dans la créature déchue, dans une pauvre petite esclave des Barotsis, la jeune fille pure et transfigurée qu'elle pourrait devenir un jour.

Avec le désir de soulager tous les maux, elle avait une singulière intuition médicale des soins à donner aux malades, et n'eut que trop l'occasion de l'exercer.

Le chant, qui seul dans notre culte épuré prête une voix à l'adoration, était par elle soigneusement cultivé et inculqué dans tous les milieux.

Ce qu'elle a été pour son mari, lui seul après Dieu le sait. Au reste, il n'a jamais manqué de lui rendre témoignage, et a pu répéter en maintes occasions qu'on la trouvait toujours à la hauteur des circonstances. A la hauteur, c'est le mot, car la femme missionnaire qui comprend son rôle ne saurait se passer de dignité et d'un certain décorum. Son attitude et sa personne tout entière doivent commander le respect. Dans sa tenue, comme dans celle de sa maison, le négligé serait une faute grave et un dommage infligé à la cause qu'elle représente. Elle ne doit jamais oublier que le missionnaire est un civilisateur et presque une révélation.

Toujours donner sans recevoir, avoir sa lampe pourvue d'huile et son horloge remontée à toute heure, vivre l'arc tendu, se dominer soi-même pour dominer ses alentours, ne jamais s'appartenir, ne se permettre ni relâche, ni faiblesse, ni à peu près, ni laisser-aller, quelle tâche!

Cependant, un portrait sans aucune ombre serait-il humain? Peut-être madame Coillard, qui exigeait tant d'elle-même, attendait-elle de ceux qu'elle rencontrait dans la carrière un degré tout pareil de zèle et de dévouement, et s'étonnait-elle de leurs défaillances. Elle, qui couvrait du manteau de la charité tous les païens dans toute leur dégradation, peut-être avait-elle quelque peine à accepter et à pardonner les misères des chrétiens qui se disaient et se croyaient tels.

Quoi qu'il en soit, il est bienfaisant, l'exemple qu'elle a laissé. On est heureux et reconnaissant des moments passés dans cette saine et sainte atmosphère. De si haut le reste semble futile, insuffisant et décevant, et l'on s'écrie avec un poète chrétien :

Loin de moi, vision grossière
De grandeur et de dignité !
Comme au ciel, il n'est, sur la terre,
Rien de grand que la charité.

C. Rey.

LA FIN

LA FIN

LES DERNIERS MOMENTS ET LA MORT DE MADAME COILLARD

Il a bien fait toutes choses.
(MARC VII, 37.)
(Texte morave du 28 octobre 1891.)

Séfula, 31 octobre 1891.

Mon très cher frère,

Vous le comprendrez, je suis encore tout étourdi du coup qui vient de me frapper. Il me semble que je rêve, que je suis sous l'empire d'un affreux cauchemar. Je me sens le cœur défaillir, et la plume me tombe de la main. Il faut bien que je vous le dise pourtant, c'est un des douloureux devoirs qui m'incombent ces temps-ci. Ma femme, ma femme bien-aimée n'est plus! Elle nous a quittés pour le ciel, le 28 octobre, à dix heures du matin, et avant-hier, dans l'après-midi, nous accompagnions sa dépouille mortelle et la déposions dans son tombeau. Elle n'a été alitée que neuf jours, mais, ces neuf jours, si riches en souvenirs, pour moi sacrés, valent une vie. C'était plus que le Pisga, c'était la gloire du Tabor; car elle avait de son prochain départ un pressentiment qui semblait tenir d'une révélation, et, à part de courts moments, elle avait la pleine jouissance de ses facultés.

Sa mauvaise santé était, depuis longtemps, passée à l'état chronique; mais, quand elle avait pu traverser la saison chaude, les mois de septembre et octobre, surtout, et arriver à la mi-novembre, alors que commencent les pluies, elle se sentait généralement revivre. Cette année, la saison a été particulièrement accablante. Nous avions beau dormir portes et fenêtres ouvertes, nous étouffions dans notre chaumière, où se concentrait de nuit toute la chaleur du jour, et le sommeil n'avait rien de rafraîchissant. Nous soupirions après la pluie. L'avant-veille de sa mort, pour la seconde fois, le ciel s'était couvert de nuages, et quand, au milieu de la nuit, je répondis à ses pressantes questions que nous avions une ondée, il fallut que je la misse un instant près de la fenêtre, pour qu'elle entendît tomber « cette délicieuse pluie ». A l'heure que j'écris, elle tombe à verse ; elle a tombé depuis hier, et promet de tomber tout le jour. Le sol n'est plus embrasé, l'air est rafraîchi, on respire ; mais elle, elle est dans la tombe !

Quand, au commencement du mois, nous donnâmes vacances à l'école, elle me supplia de la conduire en wagonnette, avec mademoiselle Kiener, à Léaluyi. J'aurais voulu ajourner cette visite : je la trouvais trop souffrante. Mais elle y mit tant d'insistance, que nous partîmes. Elle fit tout ce qu'elle put pour s'oublier elle-même et rendre le trajet agréable. Elle était si heureuse de pouvoir aller !... Elle sentait qu'elle le devait, qu'elle avait une mission à accomplir, et que le présent seul lui appartenait, pas l'avenir, même le plus proche. Elle était trop faible pour visiter les gens à domicile, mais les femmes, les femmes du chef surtout, l'assiégèrent bientôt dans sa hutte, et elle se donna entièrement à elles. Les premiers jours furent bien employés à tailler et à coudre des robes, tout en causant amicalement des choses de Dieu. Elle était heureuse. Nous l'étions tous. Nous croyions que Dieu voulait bénir notre visite.

Le dimanche matin, accompagnée d'une de nos filles, elle dut faire une longue promenade dans les champs, et aller bien loin pour être seule. Survint alors un horrible oiseau de proie, — pas du tout le secrétaire ordinaire, — mais un oiseau qui tient de la nature du vautour, et qu'on garde au village parce qu'il tue et mange les serpents. Cet animal, excité sans doute par l'ombrelle de ma femme ou la couleur de sa robe, la poursuivit si furieusement et l'attaqua avec tant d'acharnement, que des hommes et des femmes, accourus à ses cris de détresse, eurent grand'peine à la délivrer. Ils étaient à peine partis, que ce mangeur de serpents revint à la charge, plus furieusement encore qu'auparavant. Des passants accoururent, la délivrèrent de nouveau, et elle revint au village toute défaillante. Comme elle n'avait pas de blessures sur sa personne, nous crûmes qu'elle en serait quitte pour la perte de son ombrelle et pour sa frayeur. Elle se remit assez pour pouvoir assister aux deux services. Celui du soir, qui nous remplit tous d'une douce émotion, lui causa une joie indicible. Notre cher Litia, dans un discours simple et touchant, avait fait une profession publique de sa conversion, et, pendant qu'il parlait, Mokamba, un jeune homme de la famille royale, pleurait aussi, puis éclatait en sanglots !... Un Morotsi pleurant... et pleurant sur ses péchés! « Mais c'est un spectacle pour lequel j'aurais voyagé cent cinquante lieues, et cependant, disait-elle, nous n'avons eu qu'à venir de Séfula! » Elle répétait que c'était la plus belle réunion à laquelle elle eût assisté au Zambèze ! Je bénis Dieu pour le rayon de sa gloire dont il a illuminé le soir de sa vie !

Le lundi, elle s'alita, et, le mardi, elle n'allait pas mieux. « Ramène-moi à Séfula, me disait-elle, c'est là que je voudrais mourir ; ne me laisse pas mourir ici. » Le mercredi, comme elle paraissait un peu mieux, nous en profitâmes pour retourner à la maison. Elle supporta le trajet mieux que nous ne nous y attendions. Elle descendit elle-même de voiture. En entrant dans la maison, elle se tourna vers mademoiselle Kiener, qu'elle aimait tendrement, et que, contre toutes ses habitudes, elle tutoyait : « Me voici arrivée, ma chérie, dit-elle ; je ne me suis pas plainte, c'est vrai, mais j'ai bien souffert. Laissez-moi gagner mon lit. » Elle ne sortit plus de cette chambre à coucher. La fièvre, malgré mes efforts et nos prières, fit de terribles progrès. Mais j'étais aveuglé, j'avais de l'espoir ; je croyais l'avoir vue plus mal. Elle, elle ne se faisait pas illusion, elle me le disait avec un accent de tendresse dont le souvenir me déchire le cœur : « Mon bien-aimé, disait-elle en me regardant longtemps fixement et les yeux remplis de larmes, bientôt tu n'auras plus ta Christina... Tu seras seul, tout seul... Mais Dieu est bon, et sa miséricorde demeure à toujours. »

Elle eut un jour de grande angoisse. Toute sa vie passait devant elle. Elle pleurait en épanchant son cœur : « Je suis misérable, oh ! si misérable ! une servante inutile, la dernière des servantes du Seigneur, la plus indigne !... Oh ! du zèle ! du zèle ! *Do be in earnest, do !* » disait-elle.

Dans les égarements momentanés de ses pensées, elle passait de nouveau par toutes les épreuves et les angoisses qui ont fait de cette année une année exceptionnellement dure. Cela m'était bien douloureux, mais, grâce à Dieu, n'a pas duré. Jésus était là. De son souffle d'amour il dissipa ces noirs nuages, et il inonda son âme de paix et de sérénité. « *Oh ! Il est bon*, oui, *Il est bon*, répétait-elle souvent, et sa miséricorde demeure à toujours. » Et elle parlait des choses d'En Haut comme quelqu'un qui est déjà sur le seuil du ciel, et pour qui la foi se change graduellement en vue.

Elle était très sensible aux souffrances physiques, et cet aspect de la mort l'avait souvent troublée. Nous en causions très librement et en priions souvent ensemble. La veille de sa mort, elle me disait : « Mourir, ce n'est pas si difficile que nous le pensions et que je le craignais, moi ; ce n'est pas douloureux et puis c'est un passage si court... *Underneath are the everlasting arms* (lorsqu'on est porté par les bras éternels). Ce beau passage (Deut., XXXIII, 27), d'une si grande douceur dans sa langue maternelle, l'avait souvent soutenue dans nos détresses. Et cet autre aussi du Psaume LXXIII qu'elle aimait à répéter et qui, comme un ruisseau d'eau vive, a rafraîchi toute sa carrière : « Tu seras toujours avec moi, tu m'as pris par la main droite, tu me conduiras par ton conseil, et puis tu m'introduiras dans ta gloire. »

Avant de gagner pour la dernière fois son lit qu'on venait de changer, elle me demanda d'écarter le rideau de la fenêtre qui était ouverte. Alors, plongeant le regard dans l'immensité du ciel à travers le feuillage que le vent agitait doucement, elle resta un instant muette en contemplation, puis elle s'écria avec un ravissement que nous n'oublierons jamais : « Oh ! que c'est beau ! que c'est donc beau ! *Oh! how very beautiful!...* » Avait-elle une vision de cette gloire où elle allait bientôt entrer? Elle gagna son lit avec peine. « Je suis enfin arrivée », dit-elle en mettant sa tête sur l'oreiller.

Ce furent ses dernières paroles. Elle avait passé toutes ces nuits sans sommeil, moi-même j'étais épuisé et très abattu par un gros rhume. Mais je me sentis si soulagé quand je la vis enfin fermer les paupières et s'endormir paisiblement, que je ne pouvais m'éloigner d'elle. J'étais plein d'espoir. Hélas! ce sommeil finit par m'inquiéter. Vers le matin, il se produisit un changement qui m'alarma Je ne pouvais plus me tromper, c'était bien le sommeil de la mort. Dans mon angoisse j'eusse encore voulu avoir une dernière parole, un dernier regard d'adieu. Mais non, je n'eus pas cette consolation. Mademoiselle Kiener entra, puis Waddell, puis Andréase, un petit groupe de désolés; nous pleurions en silence, nous criions à Dieu, nous veillions. Le Seigneur était là. Bientôt le souffle devint plus irrégulier et plus faible, et puis il s'éteignit tout à fait. Elle s'était endormie sans effort, sans combat, dans la paix de Jésus. Dieu dans sa miséricorde lui avait épargné les souffrances d'une longue et douloureuse agonie.

Qu'il doit être doux pour elle, le repos éternel des saints! Qu'elle se sentait donc fatiguée, elle autrefois si forte, si active, si pleine d'énergie! Vous ne vous étonnerez pas que la question d'un voyage de santé se soit une fois présentée à mon esprit et que je lui en aie parlé sérieusement. Voyager pour sa santé! Loin d'elle de condamner ceux qui le font, mais voyager pour elle-même lui paraissait de l'égoïsme et un manque de confiance en Dieu. « Non, la vie est trop courte, et l'œuvre trop grande, restons fidèles à notre poste jusqu'au bout. Le Maître *sait* que j'ai besoin de santé, et il peut, s'il le veut, me la donner ici sans que j'aille la chercher ailleurs. » Et nous n'en parlâmes plus. Quand nous nous mariâmes, il y a un peu plus de trente ans, elle me dit cette parole : « Je suis venue en Afrique faire avec toi l'œuvre de Dieu, quelle qu'elle soit, où que ce soit, et souviens-t'en, *où que Dieu t'ap-*

pelle, jamais tu ne me trouveras en travers du chemin du devoir. » C'était plus qu'une belle parole, ce fut le principe de toute sa vie. Si elle avait une passion, c'était celle de la vie intime et sédentaire du foyer domestique. Elle avait toujours soupiré après une maison qui fût son *home*. Et, pendant plus de quinze ans, nous vécûmes ensemble, bâtissant, relevant des ruines, vivant dans le temporaire et au milieu des guerres, voyageant au loin dans les déserts ou vivant en exil. Il y eut une éclaircie dans notre ciel : nous rentrâmes à Léribé, nous bâtîmes l'église, notre Ebenézer; il y avait de la vie autour de nous, c'étaient de beaux jours. La maison aussi fut construite, je crus que c'était notre nid, et pour l'amour d'elle je le ouatai de mon mieux. Deux ans ne s'étaient pas écoulés que nous partions pour le pays des Banyaïs. «Nous avons levé l'ancre, disait-elle, nous voguons vers l'inconnu, mais Dieu sait où nous allons aborder. »

Qui eût dit alors que ce serait le Zambèze? Le Zambèze était pour elle le poste du devoir; il a été celui de la souffrance. Elle y a souffert moralement plus encore que physiquement. Jamais, pendant les trente années de notre vie commune, nous n'avons eu des désappointements aussi amers, ni des épreuves aussi cuisantes et aussi douloureuses. Il fallait donc que notre œuvre aussi fût consacrée par la souffrance... Mais Dieu ne nous a pas oubliés. Des amis en Europe, connus et inconnus, nous ont entourés de leur sympathie et de leurs prières. Andréase, M. Waddell et mademoiselle Kiener, chacun à sa place et dans la mesure de ses forces, nous ont, à elle surtout, témoigné une affection et un dévouement qui nous ont été en bénédiction, et dont se souviendra notre adorable Maître, qui a dit : « J'étais malade et vous m'avez visité... »

Il faut maintenant que je vous quitte. Je ne me sens pas bien. Mais soyez sans souci, je ne succomberai pas quand mon œuvre n'est pas finie. Je suis prêt à tout. Je boirai jusqu'à la lie, s'il le faut, la coupe que mon Père me donne. Je n'ai qu'un seul désir : faire sa volonté et glorifier son nom. Où qu'il m'appelle, je le suivrai sans hésitation. Et s'il le veut, dans la solitude que lui-même m'a faite, je souffrirai, je travaillerai, et j'attendrai jusqu'à ce qu'il me dise : C'est assez !

Votre affectionné dans les larmes,

F. Coillard.

Dans une lettre du même jour à un ami, nous trouvons quelques détails sur l'ensevelissement de madame Coillard :

... Ses restes mortels reposent à l'ombre de ce grand arbre de la forêt où nous avions fait un pique-nique et où nous aimions aller quelquefois — lorsqu'elle en était capable — nous asseoir, causer, lire, ou méditer. J'avais fait déblayer un espace tout autour, et fait un petit chemin pour y conduire. « Quel délicieux endroit ! quel calme ! quel repos ! Fais-moi reposer ici quand je mourrai, n'est-ce pas ? » me dit-elle un jour. Et c'est là, en effet, qu'elle repose.

...Dieu m'a soutenu pour ce terrible jour de l'enterrement que je redoutais tant. J'ai pu m'occuper de tous les détails de la cérémonie funèbre, grâce au concours affectueux de Waddell, d'Andréase et de mademoiselle Kiener, chacun dans son département propre. J'ai pu lire, prier, exhorter et même chanter au bord de cette fosse qui me ravissait ce que j'avais de plus précieux au monde et qui engloutissait tous mes plans les plus chers. Oui, j'ai pu, sans éclater en larmes, chanter le chant de triomphe et d'espérance : « Jésus est ressuscité des morts! » C'est le cantique XXXIV de notre recueil sessouto. On a écouté mes appels avec une morne attention. Je devais paraître bien étrange à ces pauvres gens. Nous étions tous endimanchés, les enfants de la maison avaient des écharpes de calicot blanc en signe de deuil, le cercueil, garni de blanc, avait été orné d'une croix et de couronnes de feuillage par les mains affectueuses de mademoiselle Kiener, et nous chantions...

Léwanika avait envoyé les principaux chefs de la nation qui se trouvaient près de lui. Litia et quelques-uns de nos jeunes gens étaient là, de même que les femmes des environs qui ont eu assez de courage pour vaincre leurs craintes et leurs préjugés. Léwanika, indisposé et ne pouvant venir, m'envoyait un bœuf. C'étaient ses larmes. Il paraît que c'est l'habitude d'envoyer un présent quelconque quand on ne peut pas aller soi-même à l'enterrement d'un membre de sa propre famille. Je ne l'acceptai qu'après m'être bien assuré que ce n'était rien de plus qu'une pure et simple expression de sympathie. Mokwaé, elle aussi, envoya ses principaux personnages, et d'autres viennent les uns après les autres!... Pauvres gens! ils ne peuvent pas donner ce qu'ils n'ont pas. J'ai été bien touché hier de voir un pauvre homme, à moi inconnu, venir me présenter, avec un petit discours de vraie sympathie, une paire de poulets!... Je ne le perdrai pas de vue, ce brave Matondo!...

F. Coillard.

A SÉFULA

Au lendemain de la mort de madame Coillard. — Les consolations de Dieu. — Mademoiselle Kiener. — Les premiers fruits de la moisson. — L'arrivée du courrier. — L'horizon politique s'éclaircit — Le déficit. — La foi sera toujours un combat.

Nous empruntons les extraits qui suivent des lettres personnelles de M. Coillard au président de la Société des Missions, au directeur et à diverses personnes qui ont bien voulu nous les communiquer (1).

(1) Cet article était composé, quand nous est arrivée la lettre qu'on vient de lire. De là quelques répétitions que nous n'avons pu faire disparaître entièrement. (*Réd.*)

« Il a plu à Dieu, écrit-il à un ami, de me jeter au creuset de l'épreuve. Il m'a retiré celle qu'il m'avait donnée, pendant plus de trente ans, comme compagne de ma vie et de mes travaux. Il y a déjà quinze jours, quinze longs jours, quinze jours qui me paraissent des mois, que je suis seul. Ses précieux restes mortels reposent dans la tombe ; elle est entrée dans ce repos après lequel elle soupirait tant ; elle contemple le Roi de gloire dans sa beauté, ce Jésus qu'elle a aimé et servi. Je ne voudrais pas, même si je le pouvais, la rappeler à cette vie de souffrances et de péché. Mais quand je l'ai suivie jusqu'au seuil de l'éternité, que je l'ai vue déjà resplendissante de la gloire du ciel, et que le portail de la cité de Dieu s'est fermé sur elle, que je me suis trouvé seul, tout seul, dans les ténèbres et dans les larmes, mon cœur s'est brisé... »

« Elle a vécu, lisons-nous dans une autre lettre, elle a travaillé, elle a souffert comme peu de femmes missionnaires l'ont fait. Le Seigneur l'a prise, et il l'a fait avec tendresse. Pendant plus de trente ans, mêlant sa vie avec la mienne, elle a — après mon Sauveur et mon Dieu ! — été tout pour moi. Elle était tout près du centre de tous mes projets. Elle a, en les partageant, embelli mes joies, adouci mes peines, porté sa grosse part de travaux et de fatigues, dans la bonne et dans la mauvaise réputation, humblement, s'oubliant toujours avec un dévouement sans égal. Je perds en elle une *femme*, une vraie, dans toute la force du terme, que j'avais reçue comme « une faveur de l'Éternel ». Je pouvais toujours compter sur son jugement, sur la sagesse de ses conseils. Au début de notre vie de mariage, elle m'avait déclaré que jamais je ne la trouverais entre mon devoir et moi. Elle disait vrai. Si Dieu m'avait clairement appelé au bout du monde, elle m'y aurait suivi joyeusement, sans consulter ni ses goûts ni ses aises. Ce fut pour elle un coup terrible de quitter Léribé, l'œuvre de notre jeunesse. Mais elle a fait le sacrifice sans murmurer, tout en me disant qu'elle n'aurait plus de *home* ici-bas, et qu'elle serait, désormais, étrangère et voyageuse sur la terre...

« Je ne vous donne pas de détails, dit ailleurs M. Coillard... Vous en verrez sans doute dans le *Journal des Missions*. Je suis sûr de votre sympathie et de vos prières. J'en ai grand besoin. J'aurais dû être mieux préparé à ce coup terrible. Depuis longtemps, mon bon

Père m'avait envoyé des avertissements. Je les comprenais bien dans une certaine mesure ; mais mon pauvre cœur ne pouvait envisager la réalité, même en perspective. Je me sens, malgré toute mon indignité, un enfant si choyé et qui obtient tant, et si facilement, que je croyais, jusqu'au dernier moment, que mon bon et tendre Père exaucerait mes prières et me laisserait le trésor que j'avais reçu de lui. Il sait mieux que moi ; je ne murmure pas ; je souffre, mais il sanctifiera ma souffrance, pour qu'elle le glorifie et ne l'offense pas. Je mets ma main sur ma bouche, parce que c'est Lui qui l'a fait.

« Ces sombres jours ont eu aussi leur arc-en-ciel ; et j'ai lieu, au milieu de mes larmes, de bénir. J'étais à la maison, moi qui voyage tant. C'était une telle joie, pour elle ! Mon anniversaire de naissance, le 17 juillet, nous avait si souvent trouvés séparés, que, cette année, c'était plaisir de la voir si heureuse. Oh ! quand je pense qu'au moment de son départ, j'aurais pu être en voyage, que mademoiselle Kiener eût pu n'être pas chez nous, mon cœur déborde de reconnaissance envers Dieu. Mademoiselle Kiener a été une vraie fille pour elle. Ma pauvre femme, entre nous, se plaisait à l'appeler : *Dieu-donnée*. Elle l'aimait tendrement. Il y avait un fort courant de sympathies entre elles. Pendant toute cette année que cette chère sœur a passée à Séfula, année exceptionnellement dure, pleine d'épreuves et de souffrances, elle lui a prodigué bien des soins, adouci bien des peines; elle nous a été en joie et en bénédiction...

« Nous avions encore ce fidèle Waddell, lui aussi si affectueux et si dévoué, sans oublier notre cher Andréase. C'est tout notre petit monde à nous; il est vite compté, mais il était au complet. Et puis, elle a eu la joie, la douce joie de voir les premiers fruits de la moisson. Que valent-ils? Que donneront-ils, ces premiers fruits? Je n'en sais rien. Mais, enfin, pour le moment, ils sont là. Outre Andréase, *quatre* de nos jeunes gens professent d'avoir trouvé Jésus. Aurait-elle pu désirer un plus beau coucher de soleil? »

Ailleurs, M. Coillard revient sur ces sujets de reconnaissance :

« Ma femme, écrit-il au directeur, avait été bien touchée, et moi aussi, de la sympathie qui s'était manifestée de toutes parts parmi les amis des missions, lors du départ de mademoiselle Kiener. Elle en était souvent émue, disant qu'elle en était indigne... Mais, en même temps, avec quelle joie elle l'a reçue, cette bonne demoiselle Kiener, comme un ange envoyé de Dieu... Et quelle tendre affection elle conçut pour elle... Nous voyons clair, maintenant ; tout s'explique ; nous comprenons ces circonstances, si visiblement providentielles, du départ précipité de mademoiselle Kiener, ce voyage si rapide, si extraordinaire, sans le moindre accroc. C'eût été bien différent, si elle n'était arrivée que cette année, avec M. Vollet : elle serait encore à Kazungula et ne serait jamais venue à Séfula. Oui, *Il est bon*... Il fait toutes choses *bien*. »

Dans sa lettre au président de la Société, M. Coillard entre dans quelques détails sur les conversions qui ont réjoui les derniers jours de madame Coillard :

« L'année avait été rude. Jamais, pendant trente ans de vie commune, nous n'avions passé par tant de souffrances et d'angoisses. Elle le disait souvent : « Quelle année ! Je me

« demande comment cela finira? » Tout semblait contre nous, tout. Un mauvais esprit d'hostilité, suscité par un homme qui, naguère, avait toute ma confiance et toute mon affection, — mon « Alexandre, le forgeron », — régnait partout, possédait le roi, et bouleversait notre école. Nous perdions du terrain, nous le sentions. Litia, que nous nous réjouissions, un peu en tremblant, c'est vrai, de voir aller au Lessouto, avait, presque au début, des malentendus avec notre ami Jalla, et, après lui avoir rendu le voyage difficile, il le quittait à Mangwato et revenait seul, avec ses compagnons, au pays. Nous redoutions les effets de ce coup de tête et nous avions bien raison, car, quand la nouvelle arriva, nos élèves, en masse, nous quittèrent dès le lendemain; quant au roi, il ne daignait même plus répondre à mes messages. Nous continuâmes quand même, avec les enfants de la maison et les quelques élèves que nous pûmes recruter dans les villages voisins. Au bout de quinze jours de boutade, nos élèves revinrent, un peu confus de voir que nous pouvions avoir une école sans eux.

« Mais l'esprit n'était pas bon quand même. Nous étions fatigués de la lutte. Eh bien, la dernière semaine avant les vacances, un petit garçon, un des esclaves du fils de la reine, qui suivait son jeune maître à l'école, se déclara pour le Sauveur. Quand il vint dans ma chambre pour me parler, je n'en pouvais pas croire mes oreilles. « *Moruti,* je viens « avec de grandes nouvelles : *j'ai trouvé* « *Jésus!* » Il avait été sérieux et travaillé dans son âme pendant toute une année; il avait même travaillé de ses mains pour se procurer les livres que d'autres recevaient de leurs maîtres, ou achetaient avec de jeunes bœufs. Quand je l'eus écouté, qu'il eut prié avec moi, je courus vers ma femme et lui dis : « Pense, chérie, quelle nouvelle! Mpututu vient de me parler : il dit « qu'il a trouvé Jé- « sus! » Je vous laisse à penser la joie que ce fut dans notre petit cercle de famille. Pauvre Mpututu! Je ne sais pourquoi nous étions si surpris de sa conversion. Hélas! c'est que, tout en priant avec ardeur, nous avons, après tout, bien peu de foi et nous disons assez naturellement à Rhode, qui, hors de joie, nous annonce l'exaucement de nos prières : « Tu es folle! » Nous ne valons pas mieux que les chrétiens de Jérusalem, si seulement nous valons autant! Ce pauvre garçon, qui travaillait deux mois pour se procurer les livres que personne n'eût songé à lui donner, n'avait pas même quelques haillons de peau ou de natte pour coucher. Je n'en savais rien. C'était l'hiver ; il accompagna M. Waddell, loin, dans la forêt, pour couper du bois de charpente. Il faisait froid et, toute la nuit, on l'entendait grelotter et s'écrier : *Mawe ! mawe !* l'exclamation de souffrance des Barotsis. M. Waddell fit bien ce qu'il put pour cet esclave, qu'on traite pis qu'un chien. Mais ce souvenir me touche et me confond. Pourquoi ne travaillait-il pas plutôt pour une couverture ? On ne s'habitue pas à la souffrance. Mpututu ne couche pas à couvert ; il est un de ceux qui couchent dehors, à la porte de son jeune maître. Sera-ce vraiment notre Philémon?

« Litia, lui, dont le retour, comme je l'ai dit, nous peinait et nous inquiétait, nous l'attendions depuis longtemps aux pieds du Sauveur.

« Dès la première entrevue que j'eus avec lui, tout le brouillard de nos craintes se dissipa. « Mon père, me dit-il, rayonnant de joie, « je ne suis plus le Litia d'autrefois ; je suis « converti, j'ai trouvé Jésus ! » Je ne sais pas encore jusqu'à quel point il a le sentiment du péché, et j'ignore si, dans la position qu'il occupe, il sera un chrétien conséquent. Pour cela, il faut que l'œuvre de la grâce de Dieu, dans son cœur, soit réelle et profonde. Mais, à en juger par les conversations que j'ai eues avec lui et par ses prières, je ne puis m'empêcher de croire à la sincérité de sa conversion. Vous le savez, il y a longtemps que nous croyions que la grâce de Dieu avait commencé son œuvre en lui. Mais il paraît que ce sont les exhortations et les prières d'un jeune homme de Mangwato qui ont fait tomber les écailles de ses yeux. Et, au dernier service auquel ma femme ait assisté sur la terre, quand le soleil touchait à l'horizon, le cher, cher garçon, debout au milieu des gens rassemblés sur la place publique de Léaluyi, faisait publiquement une simple mais touchante confession de foi. Pendant ce temps, son compagnon de voyage Makamba, aussi de la famille royale, pleurait et sanglotait. Nous étions tous émus. « Oh! si tu ouvrais les cieux! » répétait souvent, en prière ardente, ma chère femme, pendant sa maladie. Eh bien! voilà ce qu'elle a vu et entendu : les premières gouttes des ondées que nous attendons; les premières notes du chant de victoire avant de quitter le champ de bataille.

« ... J'étais en train de terminer cette lettre, quand quelqu'un frappa à ma porte. C'était Nyondo, un intéressant garçon moshikulumboé. C'est un esclave du roi. Il avait conçu un tel désir d'apprendre à lire, que Léwanika lui permit de venir vivre chez nous. C'est bien, de tous, notre meilleur élève sous tous les rapports, et, avant peu, il aura devancé tous ceux qui l'ont précédé à l'école, et il sera un des premiers. Sa conduite, à la maison comme à l'école, se dément rarement. Il est sérieux, obéissant, véridique surtout, ce qui est si rare ici, et respectueux. Nous nous sommes souvent demandé ce qui le retenait, et nous avons beaucoup prié pour lui. La mort de ma chère femme l'a ébranlé. Nous l'avons vu, à mes appels, se prendre la tête dans ses mains et essayer de cacher ses larmes. Inutile! il se dit si labouré, si travaillé dans sa conscience, que plusieurs fois il est allé de nuit, et plus d'une fois dans la même nuit, vers Andréase, pour lui demander le secours de ses exhortations et de ses prières. « Je ne « dors pas, me dit-il, je veille et je pleure toute « la nuit; je suis malade au cœur, je ne puis

« pas même manger. Je l'ai dit à mes cama-
« rades, je suis malade, que me faut-il faire? »
J'ai parlé et j'ai prié avec lui. Mon âme, bénis l'Éternel! »

Dieu réservait à son serviteur d'autres consolations. Peu après la mort de madame Coillard, il recevait coup sur coup, après neuf ou dix mois passés sans recevoir de nouvelles, deux volumineux courriers lui apportant, au milieu de beaucoup de témoignages de sympathie, la nouvelle de l'établissement définitif du protectorat britannique sur le pays des Barotsis et la reconnaissance, par la reine, du contrat passé entre Léwanika et la *South-African Company*. Cette nouvelle réduisait à néant les calomnies représentant ce contrat comme livrant purement et simplement le pays à l'exploitation d'une société commerciale, sans aucun des avantages qui résultent, pour une tribu indigène, du contrôle supérieur exercé par un gouvernement civilisé. En faisant connaître ces nouvelles à Léwanika, le gouverneur du Cap, sir H. Loch, lui annonçait que la reine avait nommé, comme son représentant auprès de lui, le célèbre explorateur M. Johnstone, et que ce dernier viendrait se fixer à la Vallée dès qu'il le pourrait.

« C'était, dit M. Coillard, tout ce qu'il fallait pour dissiper nos brouillards politiques... Léwanika dit qu'il s'en réjouit. Déjà, il avait reçu de Khama, par Litia, de sérieuses remontrances au sujet de son revirement... Ces dépêches arrivent en temps opportun, car on rassemble un grand *pitso* des chefs du pays...

« Ce n'est pas à dire que nous entrions dans l'âge d'or. L'âge d'or n'existe que dans le passé des vieillards et dans l'imagination des poètes. Il y aura du mal, beaucoup de mal, à côté d'un peu de bien. Mais, si ce peu de bien, c'est le salut de ces tribus par l'établissement d'un gouvernement ferme et équitable, c'est beaucoup, c'est tout... Depuis plus de trois mois, tous les gens de la Vallée et des environs travaillent sans relâche à des canaux, se nourrissant comme ils peuvent. Comme d'habitude, des émissaires du roi parcourent les villages, maltraitant ceux-ci, saisissant le bétail de ceux-là. Les pauvres gens sont poussés à bout. Tout cela pour venger une insulte essuyée par un messager de la reine, pendant qu'elle était à Seshéké... Et l'affaire n'est pas terminée. Tout le monde souffre et gémit ; les gens ont de la peine à contenir leurs murmures et leur mécontentement. On le dit, et je le crois : sans nous, il y a longtemps qu'une révolution eût éclaté...

« Tout cela pour vous faire un peu comprendre nos anxiétés, d'une part, et, de l'autre, notre joie de voir les affaires s'arranger, et notre reconnaissance envers Celui qui fait toutes choses bien... »

On le voit, notre vaillant missionnaire reste debout, et sait discerner, au sein de l'épreuve, les traces de la bonté de Dieu. Il semble que son désir de se consacrer à son œuvre n'ait jamais été plus grand : « Elle, elle a fini son œuvre, écrit il, moi, pas encore la mienne. Je me fortifierai donc en mon Dieu ; je me relèverai et je travaillerai... Je vivrai pour cette mission que le Maître nous a appelés à fonder ensemble au Zambèze, et je lui consacrerai plus que jamais, par sa grâce, tout ce que j'ai reçu de lui d'amour, de dévouement, de forces et de vie. Il est bon, il est fidèle ; et il nous montrera encore sa gloire ! »

« De plan, écrit encore M. Coillard, je n'en ai pas. Mon seul et unique désir est de me donner plus que jamais à la mission, et surtout de me livrer à l'évangélisation *de la tribu.* Pour cela, il faudrait que quelqu'un de jeune se chargeât complètement de la station de Séfula, où je conserverai mon pied-à-terre, bien entendu...

« ... Demandez à Dieu que mon affliction soit sanctifiée pour moi-même... Demandez que j'apprenne à me consacrer plus entièrement et à faire courageusement l'œuvre qui me reste encore... »

Citons enfin ces quelques lignes, où M. Coillard fait allusion à la nouvelle du déficit que lui a apportée le courrier reçu quelques jours après la mort de madame Coillard :

« Pourquoi faut-il que nous recevions maintenant les nouvelles angoissantes d'un terrible déficit (1), qui va nous paralyser, et cela au moment, unique peut-être, où nous avons encore tant de portes ouvertes et où il nous fau-

(1) Ce déficit, qui était, à la clôture des comptes de 1891, de 38,944 fr. 50, a été diminué depuis. Nous espérons que les amis des missions tiendront à honneur de le faire disparaître avant la fin de l'exercice.

drait donner une nouvelle impulsion à notre mission ?...

« La foi sera donc toujours un combat ! Par moments, je sens comme si elle était bien faible, bien timide, ma pauvre petite foi ! Priez pour qu'il nous soit fait, non selon notre foi, mais selon les richesses de sa grâce à Lui !...

« O mon Dieu, aide-nous ! — Il nous aidera, *je le crois* (1).

« Votre frère dans les larmes,

« F. COILLARD. »

(1) Le cri de M. Coillard a été entendu. Des amis ont pris l'initiative d'une souscription pour couvrir le déficit de la mission du Zambèze et faciliter l'envoi de renforts dont cette œuvre a besoin.

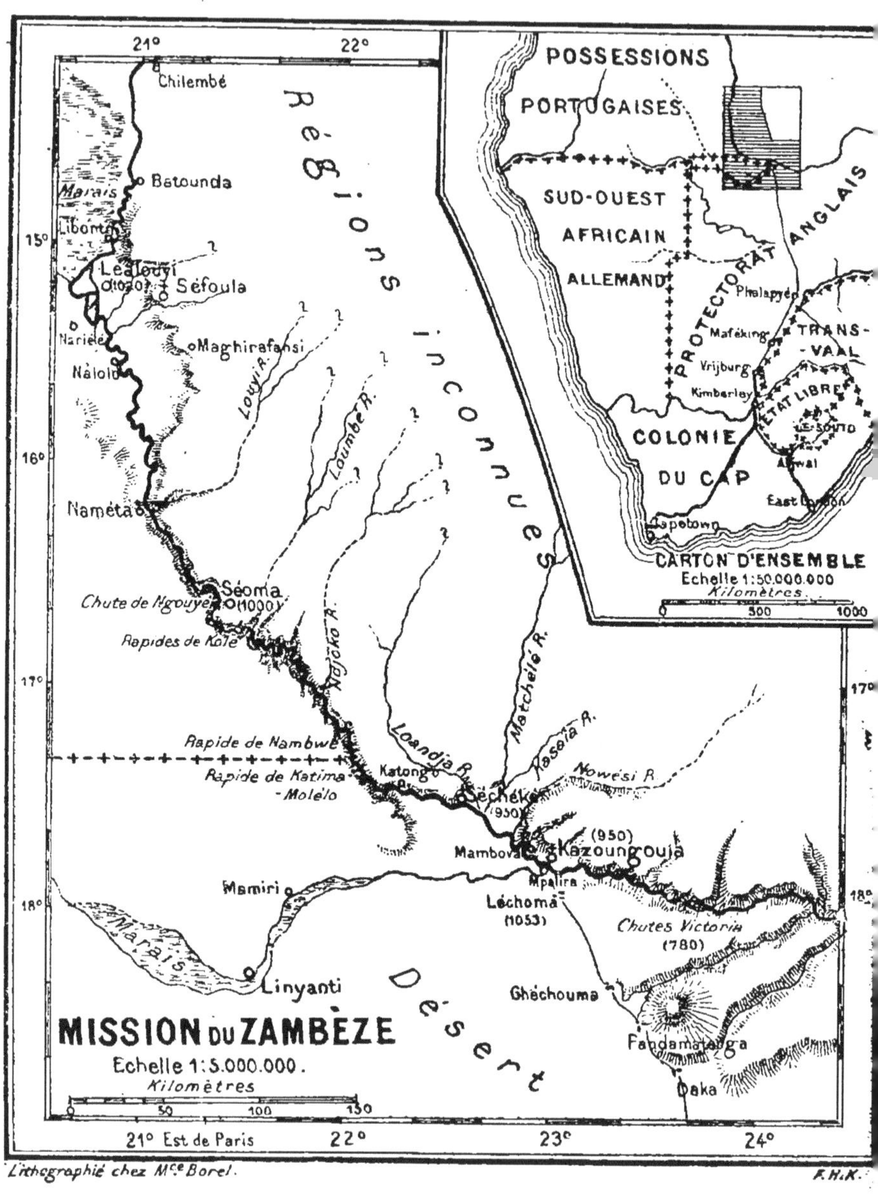

MISSION DU ZAMBÈZE
Echelle 1:5.000.000.
Kilomètres
21° Est de Paris
22°
23°
24°
Chilembé
Batounda
Marais
Libonta
Léalouyi
Séfoula
Nariélé
Maghirafansi
Naloló
Namétas
Séoma (1000)
Chute de Ngouyé
Rapides de Kolé
Rapide de Nambwé
Rapide de Katima-Moléla
Katongo
Séchéké (950)
Mambova
Kazoungoula (950)
Mpalira
Léchoma (1053)
Chutes Victoria (780)
Ghéchouma
Fandamatenga
Daka
Mamiri
Linyanti
Marais
Régions inconnues
Désert
Louyi R.
Loumbé R.
Njoko R.
Loandja R.
Matchélé R.
Kaséia R.
Nowési R.
POSSESSIONS PORTUGAISES
SUD-OUEST AFRICAIN ALLEMAND
PROTECTORAT ANGLAIS
TRANS-VAAL
ÉTAT LIBRE
COLONIE DU CAP
Mafeking
Vrijburg
Kimberley
Capetown
East London
CARTON D'ENSEMBLE
Echelle 1:50.000.000
Kilomètres
Lithographié chez Mme Borel.
F.H.K.

PRINCIPALES DATES

DE

L'HISTOIRE DE LA MISSION FRANÇAISE

AU ZAMBÈZE

Avril 1877 à juin 1879. — *Premier voyage de M. Coillard au Zambèze*, où il arrive le 1er août 1878.

Mars 1880 à avril 1882. — Séjour de M. et madame Coillard en France.

2 janvier 1884. — *M. et madame Coillard*, mademoiselle Coillard, *M. Jeanmairet* et leurs compagnons *quittent le Lessouto pour aller établir une mission chez les Barotsis, au Zambèze.*

Juillet 1884 à août 1885. — Séjour de l'expédition à *Leshoma* (12 kilomètres au sud du Zambèze) et pourparlers avec les chefs des Barotsis.

21 août 1885. — La mission traverse le Zambèze et entre ainsi dans le pays des Barotsis.

11 septembre 1885. — Arrivée de M. Jeanmairet à *Seshéké*, où il établit la première station de mission. Le 4 novembre suivant, M. Jeanmairet épouse mademoiselle Coillard.

11 octobre 1886 — Arrivée de M. et madame Coillard à *Séfula*, où ils établissent la seconde station.

20 août 1887. — *Première conférence des missionnaires du Zambèze* (MM. F. Coillard et D. Jeanmairet).

30 août 1887. — La caravane de M. et madame *L. Jalla*, MM. *H. Dardier* et *A. Goy*, traverse le Zambèze. M et madame L. Jalla se fixent à Seshéké (21 septembre 1887); MM. Dardier et Goy arrivent à Séfula le 26 septembre 1887. M. Dardier est très malade d'une insolation et de la fièvre.

23 février 1888. — *Mort de H. Dardier* à Kazungula, en route pour la colonie du Cap.

29 juillet 1888. — Le premier Zambézien, Nguana-Ngombé, professe publiquement sa foi en Christ à Séfula.

(Décembre 1888 à juillet 1890 : Voyage de M. Goy au Lessouto pour son mariage.)

19 au 23 août 1889. — *Deuxième conférence des missionnaires du Zambèze* (MM. F. Coillard, D. Jeanmairet et L. Jalla).

Septembre 1889. — M. et madame L. Jalla s'établissent à *Kazungula* pour y fonder une troisième station.

28 septembre 1889. — M. *Ad. Jalla* arrive au Zambèze et vient renforcer la mission; il s'établit à Séfula, le 8 février 1890.

25 mai 1890. — *Le premier Zambézien, Nguana-*

Ngombé, est baptisé, à Séfula, sous le nom d'Andréase.

18 juin 1890. — M. Jeanmairet, gravement malade, quitte Sesheké avec sa famille pour chercher à se remettre dans la colonie du Cap.

12 juillet 1890. — *Mademoiselle Kiener* arrive au Zambèze; elle s'établit en septembre de la même année à Séfula.

Fin juillet 1890. — M. et madame Goy prennent la direction de la station de Sesheké, à la place de M. et madame Jeanmairet.

(Mai 1891 à   : Voyage de M. Ad. Jalla en Europe pour son mariage.)

23 septembre 1891. — *M. E. Vollet* arrive au gué de Kazungula (Zambèze).

28 octobre 1891. — *Mort de madame Coillard* à Séfula.

F. H. K.

TABLE DES MATIÈRES

Paris — Imprimerie de Ch. Noblet, 13, rue Cujas. — 1892.

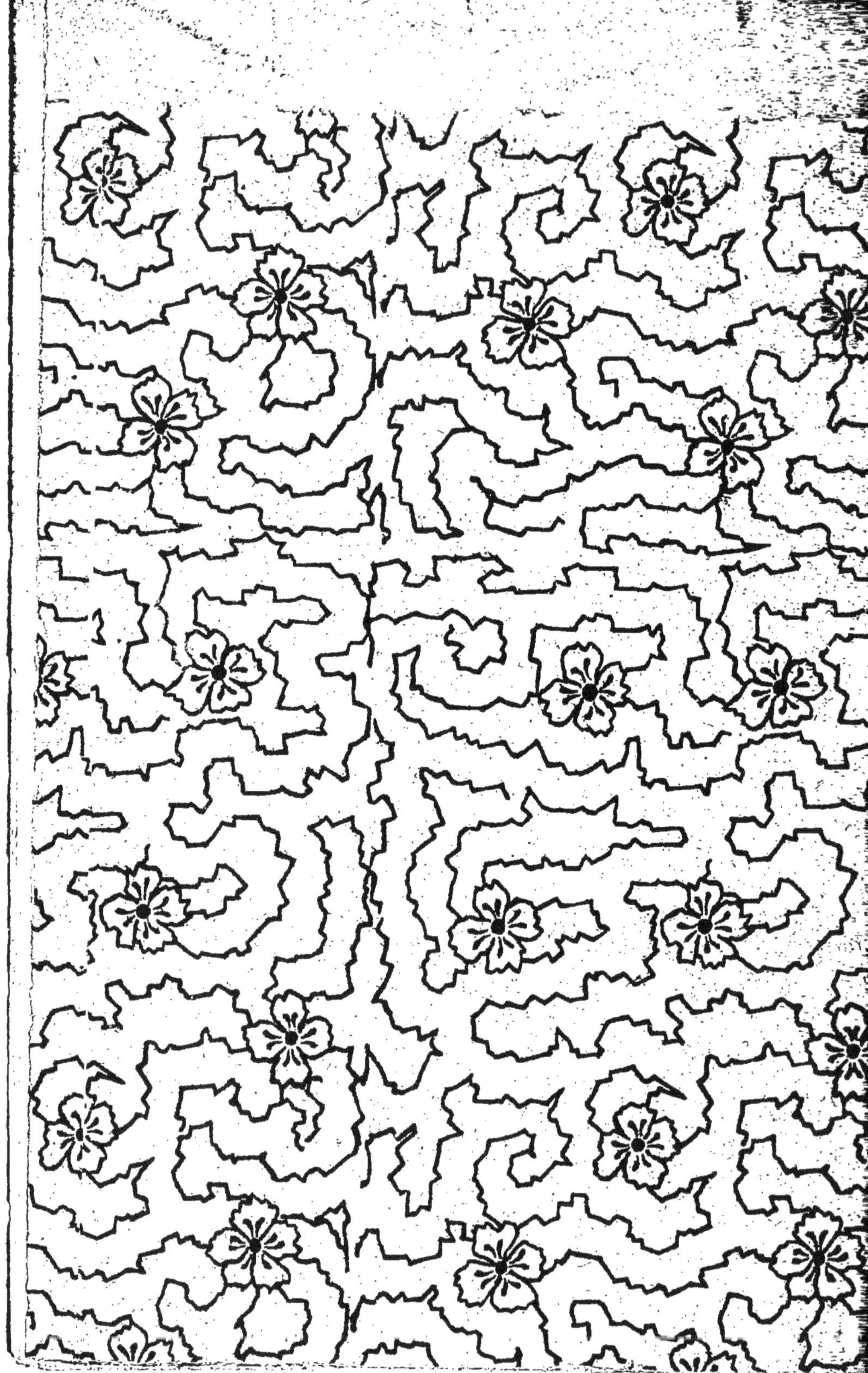

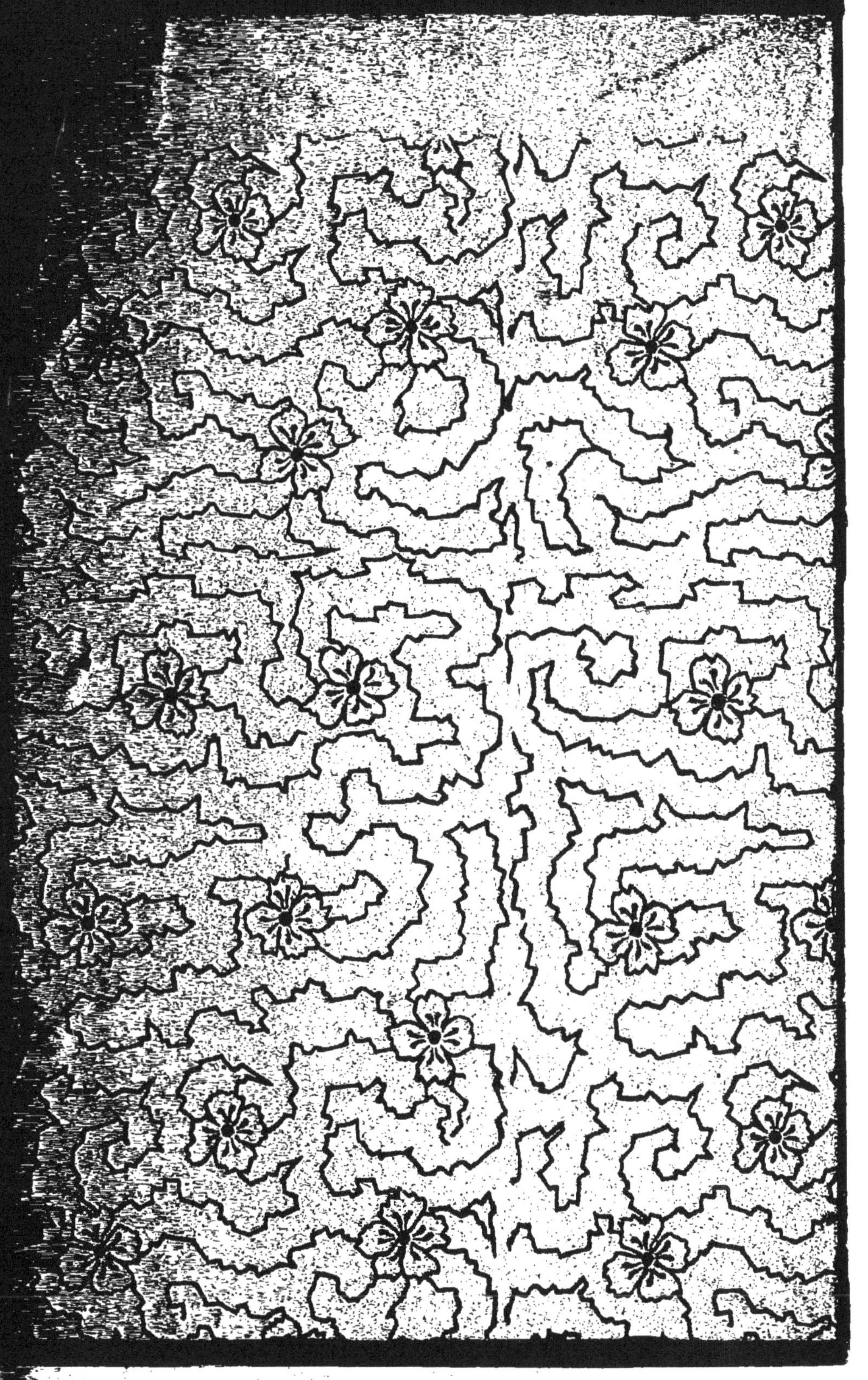

www.ingramcontent.com/pod-product-compliance
Ingram Content Group UK Ltd.
Pitfield, Milton Keynes, MK11 3LW, UK
UKHW021040230726
13926UKWH00004B/1578

9 782013 617819